Flávia Amélia

As Formas do
Espaço Brasileiro

Pedro Geiger

As Formas do Espaço Brasileiro

Jorge Zahar Editor
Rio de Janeiro

Jorge Zahar Editor Ltda.
rua México 31 sobreloja
20031-144 Rio de Janeiro, RJ
tel.: (21) 2240-0226 / fax: (21) 2262-5123
e-mail: jze@zahar.com.br
site: www.zahar.com.br

Composição eletrônica: TopTextos Edições Gráficas Ltda.
Impressão: Geográfica Editora

Capa: Sérgio Campante
Ilustração da capa: *Brasil, 1500-1996*, série "Local da Ação", de Anna Bella Geiger
Gravura em metal e serigrafia, 1996
Vinheta da coleção: ilustração de Debret

CIP-Brasil. Catalogação-na-fonte
Sindicato Nacional dos Editores de Livros, RJ.

Geiger, Pedro Pinchas, 1923-
G271f As formas do espaço brasileiro / Pedro Geiger. — Rio de Janeiro: Jorge Zahar Ed., 2003
il.; – (Descobrindo o Brasil)

Inclui bibliografia
ISBN 85-7110-748-3

1. Geografia humana. 2. Brasil – Geografia histórica. 3. Territorialidade humana. I. Título. II. Série.

CDD 304.2
03-1841 CDU 911.3

Sumário

Créditos das ilustrações

1-6. Acervo do Instituto Brasileiro de Geografia e Estatística (Mapas publicados no *Atlas Geográfico Escolar*, IBGE, 2002.)

Forma geográfica e processo social

A Geografia estuda historicamente as formas dos objetos e fenômenos que formam a superfície terrestre. Na frase acima, a palavra "forma" aparece duas vezes, como substantivo e como conjugação do verbo "formar". Com efeito, qualquer objeto, corpo ou ente resulta de um recorte na matéria que assume determinada forma. A forma define o limite de cada objeto ou indivíduo permitindo distingui-los, e o limite faz da forma um elemento que provoca tensão na matéria. O processo social não cessa de operar esses recortes na matéria, para que a vida social possa se expandir, ganhar força e plenitude.

A forma dos objetos ou indivíduos lhes oferece possibilidades e limites. A forma da bicicleta, por exemplo, possibilita-a servir a longos percursos e com alguma velocidade, porém limita o transporte a uma ou duas pessoas por veículo. As formas geográficas também oferecem possibilidades e limites à atuação humana. Os continentes, excetuadas a Austrália e a Antártida, encontram-se deslocados na direção do Pólo

Norte e terminam de forma afunilada para o Sul — na Índia, na África do Sul, na Patagônia. Conseqüentemente, a maior massa continental se encontra no hemisfério norte, enquanto a massa oceânica é mais extensa no hemisfério sul, configuração que propiciou a presença maior de populações naquele hemisfério. Nas terras austrais os núcleos populacionais encontram-se mais distantes entre si e as relações são menos intensas. Essa configuração influenciou igualmente as condições climáticas do planeta, com invernos mais rigorosos no hemisfério boreal, pois que as terras esfriam mais que os mares.

Reconhecer os recortes na matéria e suas formas é um ato social, como a capacidade de conceber a geometria e as formas expressa a transcendência do homem em relação à natureza. Contudo, há que se considerar as diversas origens dos recortes realizados. A individuação dos continentes consiste em reconhecer as descontinuidades das terras emersas, produzidas por fenômenos geofísicos da natureza. Já a individuação dos seres vivos remete a processos biológicos. Outros recortes, porém, se originam no interior do próprio processo social. Nesse caso, diferencia-se, ainda, a produção de objetos materializados, como um prédio, ou de objetos abstratos, como um país ou uma cidade. A rua pavimentada, os cabos e fios e a arborização são objetos materiais que constituem uma cidade, mas em si mesma a cidade é uma construção mental, abstrata.

Países e cidades são objetos abstratos/concretos, já que podem ser medidos e mensurados, em termos de área, população, produto.

As formas dos países e cidades também oferecem possibilidades e limites. Por exemplo, a forma alongada do Chile lhe proporciona grande variedade climática e um único fuso horário, porém é desvantajosa do ponto de vista estratégico. Já os Estados Unidos compreendem uma dimensão continental e duas longas costas abertas sobre os dois maiores oceanos do planeta, uma configuração que lhe propiciou suporte para exercer seu poder hegemônico. É de três horas a diferença entre as suas duas maiores metrópoles, Nova York e Los Angeles. Já na configuração brasileira, os principais centros, como Belém, Brasília, Recife, Salvador, Rio de Janeiro, São Paulo e Porto Alegre, encontram-se no mesmo fuso horário. O ritmo diurno sincrônico dessas metrópoles permitiu ao rádio e à televisão exercerem um papel singular na homogeneização cultural do povo brasileiro. Por exemplo, as mesmas telenovelas do chamado "horário nobre", com suas cargas ideológicas, podem ser acompanhadas simultaneamente em quase todos os lugares do país. Outro exemplo brasileiro considera a forma geográfica da costa e sua projeção de 200 milhas sobre o Atlântico, o que configura o mar territorial do país. Ali se extrai atualmente a maior parte do nosso petróleo, porém o mar territorial tem outra função igualmente importante: marca o limite do espaço em que se exerce a soberania brasileira.

Na relação sociedade/espaço os objetos espaciais não se apresentam como simples resultados, não atuam como meros artefatos. Os Estóicos gregos distinguiam encontros de corpos em "fenômenos de profundidade" e encontros de corpos em "fenômenos de superfície". As "causas" estariam presentes apenas nos primeiros, enquanto o conceito de "semicausa" era proposto para os segundos. Note-se que a relativização recente do conceito de "determinação", particularmente nas ciências sociais, expressa de certo modo um retorno à idéia de semicausa. As relações espaço/sociedade poderiam ser comparadas a fenômenos de superfície, nas quais os objetos e as formas espaciais exercessem um papel de semicausas. Assim, por exemplo, os deslocamentos dos bandeirantes para o interior do Brasil não se constituiriam, propriamente, numa causa determinante para a construção de um sentimento nativista, de brasilidade, ainda que de certo modo tenham-na favorecido. Nesse sentido, o "espaço vivido" pelos bandeirantes foi diferente do "espaço vivido" pelos comerciantes portugueses nas cidades, ou pelos escravos negros. Do mesmo modo, o espaço vivido na favela é diverso do espaço vivido no asfalto.

"Espaços de representação", "representação do espaço", "espaço vivido", são alguns dos termos utilizados para a descrição da relação sociedade/espaço. Os estados brasileiros, por exemplo, são utilizados como espaços de representação por suas populações quando elegem seus deputados e senadores. Já a representação do espaço pode atender a propósitos distintos. A que é exercida na cartografia do IBGE (Instituto Brasileiro de Geografia e Estatística) é diferente da que se apresenta na gravura de Anna Bella Geiger que ilustra a capa deste livro. No caso da gravura, o simbolismo é a sua essência, o espaço de representação se superpondo à representação do espaço.

Na natureza não existe o Brasil tal como o temos representado, pois a continuidade da matéria engloba todo o continente americano. O Brasil foi e continua sendo construído socialmente, em um recorte que se desenvolve ao longo da história. O simples descobrimento em Porto Seguro não foi suficiente para o conhecimento da existência da América do Sul como continente, ou para se saber se a linha de Tordesilhas atravessava terras ou águas. O primeiro nome dado ao solo descoberto foi de ilha, Ilha de Vera Cruz. Aos poucos, tanto a América quanto o Brasil foram sendo construídos e conhecidos, ganhando forma.

No presente livro analisa-se a construção do espaço geográfico brasileiro e seu papel na evolução do país. Conhecer um país em sua plenitude inclui o conhecimento de seu território e de sua configuração espacial. Pensa-se em termos de uma história geográfica, e não de uma geografia histórica que tem como objeto o estudo das paisagens pretéritas. São comentadas as estratégias praticadas pelos diversos agenciamentos na construção dos espaços brasileiros, assim como as formas de vivência das suas populações. É também abordada a utilização desses espaços para representações políticas e culturais, bem como o uso de representações cartográficas em jogos político-ideológicos.

"Gigante pela própria natureza"

Esse verso do Hino Nacional pode referendar a dimensão territorial do Brasil, de 8.514.215km^2, dois terços da América do Sul. Ao contrário do que ocorreu na América Espanhola, que após as lutas pela independência se partiu em diversos Estados nacionais, o Brasil manteve a integridade do antigo território colonial português.

Ainda na atualidade, o continente apresenta amplas extensões territoriais de densidades populacionais muito baixas, assim como muitos centros populacionais fracamente conectados entre si. No século XIX, tal quadro, muito mais acentuado, influiu para o surgimento de movimentos centrífugos, regionalistas, que impediram a realização do sonho de Bolívar: fazer da América do Sul espanhola um único país independente. Soma-se a esse quadro, de tendência fragmentária, o fato de que nas Américas, como um todo, não se apresentaram previamente "nações fundadoras" dos seu países. Implantados, os Estados independentes passavam a construir as suas nações, com as populações presentes e provenientes de diversas origens, incluindo os imigrantes que continuavam chegando e dos quais se aceitava a naturalização. Aos filhos dos migrantes nascidos na América, ao contrário do que ocorria na Europa, era assegurada de imediato a plena cidadania. Por todos esses fatos, há quem diga que "na América, a geografia toma o lugar da história".

Há também quem julgue que a monarquia no Brasil, com seu sentido conservador, serviu para preservar a unidade do país. Utilizar o regime monárquico para sustentar a unidade nacional é uma estratégia aplicada ainda na atualidade, como, por exemplo, no caso da Espanha. Contudo, no Brasil, nos 67 anos transcorridos entre a Independência e a República, registraram-se mais de dez levantes de cunho republicano e regionalista, a maioria durante as Regências, sendo que a Farroupilha durou dez anos. No entanto, o Brasil manteve sua integridade territorial.

Outra referência para a manutenção da coesão territorial evoca a força histórica do ânimo barroco na cultura brasileira, tida como força centrípeta. Conforme Nicolau Sevcenko, o ânimo barroco interpreta a história "como mito e o mundo como conduzido pela intervenção divina por meio da corrente da fé que engendra o milagre... E nas festas e celebrações... que o Barroco realiza plenamente sua magia aglutinadora... a multidão adquire forma, organizada na hierarquia de suas funções, lustre e condição social. Quem não reconhece o Brasil na fantasia do Barroco? ou quem não reconhece o Barroco na fantasia do Brasil?"

No passado, a dimensão do Brasil não alcançou a importância política que hoje apresenta. No início de sua expansão, o capitalismo industrial se instalou na Europa ocidental, em países hoje considerados pequenos, como a Bélgica, ou de porte médio, como a França. Promovia o adensamento populacional desses países e a integração espacial interna de cada um por meio dos transportes e comunicações. Apertados uns contra os outros, os países europeus procuraram espaços transoceânicos, ampliando impérios, no que foram seguidos, depois, pelo Japão. Até meados do século XX, o sistema capitalista mundial apresentou um quadro em que algumas metrópoles dominantes comandavam imensos impérios coloniais. Reino Unido, França ou Japão, na época das ferrovias a carvão, podiam ser considerados de dimensão territorial apreciável, porém entre as suas colônias e domínios havia países de extensões muito maiores. Era o caso do Canadá, Índia e Austrália, que faziam parte do império de Sua Majestade britânica. O norte africano francês se estendia do Marrocos à Tunísia. Coréia, Manchúria, Formosa e outras grandes partes da China eram dominados pelo Japão. A profunda diferença entre a área de país muito pequeno e a área de suas colônias também podia ser observada nos casos da Holanda, se comparada à Indonésia, e da Bélgica, comparada ao antigo Congo Belga.

As grandes distâncias e os grandes vazios entre os centros de povoamento, obstáculos para a maior integração, contribuíam para dificultar a industrialização dos países de grande extensão, entre os quais se incluía o Brasil. No caso brasileiro, o atraso do desenvolvimento em relação aos países centrais foi motivo para pequenas ironias utilizando expressões do Hino Nacional, como "deitado eternamente". O fato é que, do mesmo modo como nas histórias para crianças os príncipes sempre vencem os gigantes, no passado os grandes países eram considerados mais fracos, e propícios a serem dominados por países muito menores. (O gigante perderia sempre devido ao princípio da alometria, criado por Galileu. Um corpo que cresce só pode manter a mesma forma até um certo limite, caso não altere a consistência de sua matéria. Crescendo em altura, o gigante aumenta o seu volume ao cubo, podendo quebrar as suas tíbias, alargadas apenas ao quadrado, caso estas não tenham sua consistência alterada.)

O quadro geopolítico acima mudou totalmente. O primeiro passo foi a ascensão dos Estados Unidos à condição de uma economia nacional capitalista avançada e de dimensão continental. O processo foi montado sobre o contínuo progresso tecnológico, compressor do tempo/espaço, e sobre o constante influxo de capitais e de migrantes. Estes foram ocupando os espaços vazios e alterando a densidade média do país. Compare-se, por exemplo, o que era a Califórnia em meados do século XIX, e o que passou a ser em meados do século XX. Assim, foi como se um império estivesse sendo construído no interior do próprio território nacional (literalmente, se considerada a conquista sobre o México), apresentando, porém, a vantagem de o seu território ser ocupado por populações moventes, uma vez que as fronteiras entre os estados que formam a União não impedem a livre circulação de pessoas e mercadorias. A mobilidade horizontal da população teve influência na mobilidade vertical, na ascensão social.

A criação da antiga União Soviética, nas primeiras décadas do século XX, com o emprego do planejamento centralizado, foi outro episódio de valorização do Estado de dimensão continental. Nesse caso, porém, a população não gozava de liberdade individual na escolha do lugar de residência, restringindo-se a mobilidade geográfica.

Em seguida, após a Segunda Guerra Mundial, e com o fim do colonialismo, surgem entre os novos países independentes diversos de dimensão continental. O acelerado crescimento populacional dos países continentais e sua industrialização — alguns assumindo a categoria de "países emergentes" — ampliava a sua presença no mapa geopolítico mundial. A nova consistência demográfica e econômica dessas nações resultava da substituição crescente de amplos setores de suas sociedades rurais tradicionais por setores urbanizados e industrializados, e permitia aos gigantes territoriais ganharem força política.

Finalmente, com a globalização, sustentada pelos contínuos avanços tecnológicos, a organização econômico-política do mundo se move de "um sistema universal de Estados capitalistas" para um "sistema universal capitalista de Estados". Nesse quadro, observa-se nova valorização da elevação da escala territorial e a organização espacial político-econômica assume novas feições. Essas são reconhecidas, por exemplo, na formação dos blocos supranacionais de países, sendo que a formação da União Européia representa o grau mais elevado desse movimento de "organização reflexiva". O mundo contemporâneo apresenta um quadro geopolítico no qual países de dimensão continental e subcontinental se destacam dos demais de seu continente. Na América do Sul, Brasil e Argentina estão nessa categoria.

No caso da Europa, a união continental reúne países de tamanho médio e pequeno. Na América, são os grandes países os que formam mercados comuns, casos do Mercosul e do Nafta, que apontam para a funcionalidade de grandes espaços na organização geográfica do mundo atual. Em contraste com os grandes vazios da enorme massa oceânica da Terra, desprovida de ocupações fixas, temos o adensamento populacional de todos os continentes, estes assumindo, de forma crescente, papéis de entidades políticas e representando identidade.

O Brasil participa do processo de ascensão de países continentais no mapa mundial, tendo passado por uma série de transformações na sua constituição, necessárias para poder chegar ao seu "futuro que espelha esta grandeza". A população cresceu de cerca de 40 milhões em 1940 para cerca de 170 milhões em 2000, e a urbanização passou de cerca de 32% para mais de 80% no período acima, atingindo 130 milhões de pessoas, contra os 13 milhões de apenas 60 anos antes. A industrialização coloca o Brasil entre o 10º e o 12º lugar mundial, quanto ao Produto Interno Bruto. Dada a sua continentalidade, o país possui fronteiras com dez dos 12 países da América do Sul e vem assumindo a liderança do continente.

É interessante apresentar um exemplo do que significou a dimensão continental do país para a movimentação de sua população e para o seu desenvolvimento. Veja-se o caso do planalto meridional, pouco povoado até meados do século XIX, quando passou a ser objeto de uma colonização dirigida, em pequenas propriedades agrícolas, e que trouxe contingentes europeus não-ibéricos para o país. O progresso agrícola e industrial dessa região, onde se criou uma estrutura social na qual a classe média e a iniciativa privada assumiram proporções relativamente maiores, em comparação com as regiões de ocupação mais antiga, teve enorme influência no desenvolvimento nacional. Por outro lado, essa área do Sul, depois de atrair grandes massas populacionais de outras regiões do país, passou, sob pressão fundiária, a emitir correntes emigratórias que, desde os meados do século XX, participam do povoamento da região amazônica.

No passado colonial, quando os grandes espaços continentais da América do Sul eram pouco conhecidos dos europeus, o imaginário da época criou mitos e fantasias. Imaginou-se a existência de monstros e gigantes no interior do continente, de guerreiras amazonas, ou de um "Eldorado" rico em metais e pedras preciosas. Essa não era a realidade que foi sendo revelada. No entanto, a continentalidade brasileira continuaria a oferecer novas surpresas nas áreas que passavam a ser melhor conhecidas. É relativamente recente a descoberta de grandes jazidas de manganês e de minas de ouro na região da Serra dos Carajás, onde se instalou a Vale do Rio Doce. Mais recente ainda é a exploração do garimpo de ouro de Serra Pelada. No imenso continente, não se trata apenas de descobrir, senão também de re-descobrir. É o caso da valorização de plantas da flora amazônica, utilizadas em práticas medicinais primitivas e agora procuradas pela avançada indústria farmacêutica.

A posição e as formas do território

Separada pelos dois maiores oceanos, a América viveu uma insularidade frente ao Velho Mundo. Isso foi mais sentido na América do Sul, mais distante da Europa.

Considerando que o centro capitalista cobre a América do Norte, a Europa e o Japão, a localização do Brasil pode ser entendida como sendo a de uma periferia geográfica distante. A posição afastada do centro significou, regra geral, desvantagens, embora tivesse trazido também certas vantagens, como a de ter ficado longe dos grandes conflitos mundiais.

Tome-se, por exemplo, a questão do turismo internacional. Nesse setor, o Brasil encontrou limitações relacionadas à distância geográfica da Europa, e mesmo da América do Norte, e à própria insularidade da América do Sul. Em um movimento de causação circular, a distância encarece o transporte e diminui a demanda, o que por sua vez encarece o custo do transporte, reduzindo também as alternativas de trajetos. Contudo, como a distância tem livrado o país da proximidade dos freqüentes quadros de violência e guerras, o fato tem favorecido o Brasil em diversos aspectos, inclusive pelo redirecionamento de fluxos de turismo. É possível que esse redirecionamento venha promovendo um retorno a uma procura maior por paisagens naturais, por áreas menos congestionadas, pelas culturas da periferia, favorecendo territórios como os brasileiros.

Este país gigantesco tem forma triangular, largo ao norte, nas latitudes equatoriais e tropicais, e estreito ao sul, nas latitudes subtropicais. Ao norte, os portugueses dominaram a embocadura do rio-mar, o Amazonas, a maior descarga de água doce do mundo, com 180.000m^3 por segundo, grande porta natural de entrada para uma imensa região, coberta pela maior floresta sempre verde do planeta. Os portugueses puderam, assim, dominar a quase totalidade da região amazônica, que, na atualidade, constitui cerca de metade do território brasileiro. Ao sul, a foz do Rio da Prata foi disputada por espanhóis e portugueses, mas estes não conseguiram se manter na antiga colônia de Sacramento. As terras das bacias dos rios Paraguai, Paraná e Uruguai, que formam a bacia do Prata, foram divididas entre os países herdeiros dos antigos impérios coloniais ibéricos, resultando, assim, na forma afunilada da porção sul do Brasil.

Com regiões mais desenvolvidas que as amazônicas, na bacia do Prata se fez necessária uma cooperação mais estreita e contínua entre os diversos países que nela possuem território. Durante os regimes militares dos anos 60 e 70, posições antagônicas entre os governos do Brasil e da Argentina trouxeram dificuldades na gestão dessa área, atrasando a construção da hidrelétrica de Itaipu. Como é dito atualmente, "democracias não guerreiam entre si, negociam", portanto, o retorno da democracia ao Cone Sul possibilitou maior "cooperação competitiva" entre os seus países, principalmente no trato de questões como a da gestão da bacia do Prata, o que culminou na criação do Mercosul.

Quanto à morfologia do território, a fachada atlântica brasileira, a leste, apresenta uma planície litorânea de largura variável, semeada de morros e maciços isolados. Essa composição, que inclui baías, restingas e lagoas, apresenta cenários de grande beleza, como em torno da baía de Guanabara. Nessa faixa se instalaram os primeiros assentamentos portugueses, muitos dos quais deram origem a cidades que figuram entre as maiores do país, como Recife, Salvador, Rio de Janeiro, Santos e Porto Alegre.

Uma frente de encostas, mais ou menos íngremes e elevadas, domina a baixada, além da qual se estende o chamado "planalto brasileiro". Uma longa porção dessa frente escarpada e montanhosa foi designada de serra do Mar, porém seus diversos trechos recebem nomes locais. Alguns deles se destacam por suas belezas paisagísticas. É uma dádiva para o estado do Rio de Janeiro possuir, além da paisagem que orna a sua capital, com o Pão de Açúcar, o Corcovado, o pico da Tijuca, a pedra da Gávea, também o Dedo de Deus e a pedra do Sino, na serra dos Órgãos, a pedra Bonita, e outros marcos.

Os famosos mapas de Albernáz, o Velho, do século XVII, compostos na forma de blocos-diagrama, compreendem interpretações simbólicas sobre a divisão do território. As terras litorâneas, firmemente em mãos portuguesas (que viviam "arranhando as costas como caranguejos", segundo frei Vicente do Salvador), são coloridas em sépia, enquanto o interior, onde a presença indígena ainda era muito forte, é colorido em azul. No período do Renascimento essas eram as cores empregadas pelos pintores para representar, respectivamente, planos mais próximos ou mais afastados. Nos mapas de Albernáz elas assumem também um simbolismo associado a poder.

A porção leste do planalto é formada pelas rochas mais antigas da história geológica, ígneas e metamórficas. Nessa parte, o planalto se apresenta em grandes blocos falhados, desnivelados uns em relação aos outros, e cuja erosão criou os relevos mais montanhosos do país. O sistema da Mantiqueira compreende alguns desses blocos mais elevados, contendo os picos das Agulhas Negras, na serra da Mantiqueira, e o pico da Bandeira, na serra do Caparaó, cada um com mais de 3.000m de altitude. Na serra do Mar, o bloco da serra dos Órgãos é o mais elevado, com mais de 2.200m na pedra do Sino.

Como o planalto se inclina de modo geral para o interior do continente, grandes rios, como por exemplo o Tietê, que banha a cidade de São Paulo, nascem relativamente próximos ao oceano, mas correm na direção oeste, formando a bacia do Paraná. Essa geografia facilitou a penetração dos bandeirantes para o interior do país. Mergulhando para o oeste, o complexo das rochas mais antigas, das eras Arqueano, de mais de 2,5 bilhões de anos, e Proterozóica, de mais de 540 milhões de anos, passam a ser cobertas por rochas sedimentares das eras Paleozóica e Mesozóica, de mais de 250 e 65 milhões de anos, respectivamente. O planalto se torna menos acidentado, dominam formas aplainadas e onduladas que, no estado de São Paulo e no norte do estado do Paraná, foram cobertas por cafezais. Fotógrafos e pintores, como Candido Portinari, fixaram essas paisagens.

As camadas de arenitos sedimentares, das eras Paleozóica (Primário) e Mesozóica (Secundário), não sofreram grandes dobramentos, o que influiu para o relevo menos acidentado, a calha do rio Paraná ocupando o eixo de uma ligeira sinclinal. Apenas numa fase do Secundário houve derrame basáltico na parte sul do planalto brasileiro, e a decomposição dessas rochas resultou na "terra roxa", solo de melhor qualidade disputado pelos agricultores. No longínquo oeste, o planalto de arenitos termina por outras escarpas, dominando a depressão do Pantanal, onde flui o rio Paraguai. Para o norte, o planalto declina para dar lugar às planícies amazônicas formadas por sedimentos das eras Terciária e Quaternária, ou Atual.

A morfologia brasileira mostra a extensão maior de espaços pouco acidentados. Sua geologia poupa o Brasil de fenômenos como erupções vulcânicas e terremotos. Porém o sonho de se achar esmeraldas não passou de uma ilusão. Ouro e diamantes praticamente só foram encontrados em garimpo; a mina de ouro de Morro Velho, em Minas Gerais, era uma jazida muito pequena; o nome do estado na verdade faria jus às jazidas de ferro e manganês que passaram a ser exploradas intensamente no século XX. Muito antes do desenvolvimento das atuais campanhas ambientalistas, o povo e o poeta de Itabira lamentavam a deformação do pico da montanha que domina a cidade pela retirada do manganês.

Na base geológica da região Sudeste do Brasil, registra-se a existência de fontes de águas minerais e terras medicinais, como em Caxambu, São Lourenço, Lindóia, Araxá e outras, assim como de jazidas de minério de urânio em Poços de Caldas. Na região central do Brasil, há jazidas de cristal de rocha. Outras riquezas dos chamados minerais úteis são providas pela geologia brasileira, entre elas, a bauxita e a cassiterita, na Amazônia. Da bauxita se produz o alumínio e da cassiterita, o estanho.

A história do petróleo produzido no Brasil ameaçou reproduzir a ilusão das esmeraldas. Durante a Segunda Guerra Mundial foi exposta toda a importância do petróleo, que movia as principais peças da nova tecnologia bélica como belonaves, aviões e tanques. A Alemanha nazista procurava alcançar, através da guerra, as jazidas petrolíferas do Cáucaso, do Cáspio e do Oriente Médio. O petróleo vinha substituindo o carvão-de-pedra na produção de energia elétrica. Mesmo nos Estados Unidos, que construíram grandes barragens hidrelétricas, a maior parte da energia consumida, incluída a necessária para a geração de eletricidade, passara a depender do petróleo.

Por outro lado, a guerra acentuou o nacionalismo por todo o mundo. Como dizem os chineses, "a crise é uma oportunidade", e a crise da guerra abriu a oportunidade para movimentos de descolonização que puseram fim aos históricos impérios políticos europeus. A descolonização foi um passo indispensável para a instalação da globalização irradiada a partir dos Estados Unidos e, ao mesmo tempo, foi uma fonte de movimentos nacionalistas. Entre as antigas colônias tornadas independentes havia grandes produtores de petróleo que passaram a participar dos lucros da exploração.

No Brasil, o nacionalismo, que assume dimensões crescentes na era Vargas, adquire novos rumos no contexto do quadro internacional, a partir de meados do século XX. Nos anos 50, o país se encontrava nas etapas iniciais da industrialização e ainda não havia implantado o sistema de gigantescas usinas hidrelétricas, que aproveitaria os caudais das enormes bacias fluviais brasileiras. Procurar e produzir petróleo, através de empreendimento nacional, tornaram-se objetivos políticos que fizeram nascer a Petrobras. Os indícios de petróleo no Recôncavo baiano animaram o movimento "O petróleo é nosso", e o nome Lobato, em homenagem ao escritor Monteiro Lobato que esposara a tese nacionalista, foi dado à área produtora.

Contudo, o país não conseguia descobrir outras jazidas economicamente válidas. Um governo estadual de São Paulo envolveu grandes recursos financeiros em pesquisas no estado, com a Petropaulo (o termo "paulo" servindo para lembrar tanto o nome do estado como o do então governador), sem nenhum retorno.

Enquanto procurava o petróleo, o Brasil também se voltou para o recurso da energia hidrelétrica como insumo básico de sua industrialização. A construção de gigantescas usinas, mesmo muito distantes dos centros de consumo, foi possibilitada pelo avanço tecnológico nos sistemas de transmissão, permitindo o transporte de eletricidade por longas distâncias com menor perda de energia. Por outro lado, a dificuldade em mobilizar recursos adicionais próprios para a pesquisa petrolífera acabou influenciando a quebra do formato inicial do monopólio estatal da Petrobras, na década de 90. Áreas de prospecção e exploração do petróleo foram abertas para empresas estrangeiras. Nesse quadro, a Bahia começou a deixar de ser o principal estado produtor do petróleo brasileiro. Cada vez mais se alargava a participação do estado do Rio de Janeiro, através da exploração em águas oceânicas profundas de sua costa. A cidade fluminense de Macaé, por exemplo, passou por grande crescimento associado à atividade petrolífera da região, atualmente com 80% da produção nacional.

Vários campos de óleo e gás foram sendo descobertos nos últimos anos, e o Brasil está próximo de atingir a auto-suficiência. Entretanto, a auto-suficiência é apenas teórica, em termos de barris produzidos e consumidos, uma vez que a maior parte do óleo é muito grosso e as refinarias localizadas no país ainda não estão aptas a processá-lo, sendo necessário exportá-lo em forma bruta. Dados da Secretaria do Comércio Exterior do Ministério do Desenvolvimento mostram que em abril de 2003, a exportação de petróleo e derivados ocupava o 4º lugar entre os principais produtos exportados, atrás apenas de soja, material de transporte e metalúrgicos.

De fato, utilizando os seus grandes rios, explorando a sua plataforma continental, o Brasil acabou assumindo destaque internacional nesses setores. A tecnologia brasileira utilizada na construção de usinas hidrelétricas de porte gigantesco e na exploração do petróleo em águas oceânicas profundas é uma referência internacional, procurada por importantes países estrangeiros, como por exemplo a China.

"Moro num país tropical, abençoado por Deus"

No período dos descobrimentos, havia um certo conhecimento acumulado na Europa acerca das temperaturas e das florestas dos continentes já visitados. Sabia-se, por exemplo, que na direção austral as temperaturas do ar se elevavam, e após os desertos e as savanas do norte da África seguiam-se florestas verdejantes. Assim, diante da foz do Orenoco, grande rio fluindo do Sul, Colombo imaginou que o caudal provinha de um interior florestado. No seu diário registrou que a embocadura do Orenoco era "tão grande que seria mais justo considerá-lo mar ... e eu afirmo que esse rio emana do Paraíso terrestre e de terra infinita, pois do Austro até agora não se teve notícia, mas a minha convicção é bem forte de que ali, onde indiquei, fica o Paraíso terrestre ... ."

O paraíso terrestre passou a ser imaginado como um paraíso tropical. E quando os portugueses se depararam com o cenário brasileiro, a mata atlântica e os homens desnudos, a cena foi associada à narração bíblica. O mito de um paraíso terrestre na parte meridional da América, desse modo, começou a adquirir persistência.

No Brasil, essa idéia acabou se transformando no mito da pujança do meio tropical, referendado pelo ufanismo em relação à grandeza territorial, à beleza da natureza e à riqueza do solo. A ecologia tropical impressionava particularmente pelas esbeltas palmeiras e pelas "aves que aqui gorjeiam". Palmeiras que seriam incorporadas ao ambiente urbano construído, como se fossem colunas arquitetônicas naturais, imitando colunas gregas. Palmeiras que foram utilizadas desde a estada da família real portuguesa, no começo do século XIX, para conferir majestade ao Rio de Janeiro, como capital do

Império. Elas ornam as alamedas centrais do Jardim Botânico e da Quinta da Boa Vista. Ornavam a avenida do canal do Mangue. Encontram-se no jardim do Palácio da República, antigo Palácio do Catete, e ao longo da rua Paissandu, acesso ao Palácio Guanabara, residência presidencial quando o Rio era a capital da República. Assim, "gigante pela própria natureza" referia-se principalmente à força do meio tropical.

A localização e o formato do Brasil, descritos na seção anterior, conferem ao país esse caráter tropical. Grande parte da sua história está associada à produção e exportação de matérias-primas agrícolas e extrativas de produtos tropicais. Ilha de Vera Cruz, em 1500, Terra de Vera Cruz, em 1503, e Terra de Santa Cruz, ainda em 1503, foram os primeiros nomes propostos para o novo país, indicativos da força ideológica e política da Igreja, presente nos atos das coroas ibéricas. Entretanto, acabou prevalecendo o nome Brasil, a partir de 1527, como referência ao pau-brasil, uma planta do litoral da qual se produzia uma tinta avermelhada, bastante apreciada na Europa. Do pau-brasil extraiu-se a primeira mercadoria exportada do novo país, e o mercantilismo, a outra força colonizadora, acabou se impondo no batismo final. "Brasileiros" designava inicialmente as pessoas envolvidas nessa extração e comércio.

De fato, nos séculos XVII e XVIII, a procura por ouro e pedras preciosas resultou no ciclo da mineração.

Neste, a mineração do ouro e diamantes se constituiu em importante fonte de riqueza, dando margem ao surgimento de verdadeiras cidades, como os centros históricos barrocos de Minas Gerais, e à transferência da capital da colônia para o Rio de Janeiro, então porto exportador do ouro de Minas. Todavia, o desenvolvimento contínuo do Brasil, até o *crack* de 1929, fundou-se sobre a produção e exportação de produtos tropicais.

A maioria dos produtos agrícolas que gerou riqueza para o país proveio do exterior, sendo que a cana-de-açúcar e o café foram trazidos de outros continentes. Da América mesmo, foram introduzidos o fumo e o cacau. Já produtos extrativos foram de plantas nativas, como a borracha, produzida a partir da seiva das seringueiras, árvores amazônicas (o termo tropical pode ser generalizado e incluir o equatorial), e o mate, extraído de folhas de planta subtropical, a erva-mate. O pinheiro do clima subtropical do sul do Brasil serviu para a produção de madeira. Como a partir da porção meridional do Rio Grande do Sul prevalecem os campos, o pinho serviu ao comércio com os centros do rio da Prata. Quanto ao gado, a maioria do rebanho bovino brasileiro acabou se constituindo de cruzamentos realizados na modernidade, de raças provenientes da Índia com o gado "criolo". Este descendia das reses trazidas pela colonização inicial e que de certa forma havia se degenerado. No extremo sul foram introduzidas raças inglesas, e para o gado leiteiro foram realizados cruzamentos com gado holandês.

A posição do continente sul-americano e seu formato delgado e em ponta na parte meridional o deixa aberto à ação da massa polar e suas sucessivas invasões de massas frias. Até a Amazônia, de clima equatorial, de menor variação da temperatura ao longo do ano, é atingida por essas invasões, promovendo a denominada "friagem". Embora *Rio 40 graus* seja o nome de um filme referente à cidade do Rio de Janeiro, poucas vezes no ano essa temperatura é atingida. Já no inverno as mínimas podem chegar a entre sete e oito graus centígrados. Nas terras mais elevadas do planalto, o clima é tropical de altitude, com temperaturas mais baixas. Petrópolis, na serra do Mar, foi cidade refúgio para o veraneio da família real e de presidentes da República. A 800m de altitude, São Paulo, mais fresca que o Rio de Janeiro, é conhecida pela garoa, mas as elites paulistanas também estabeleceram uma estação de recreio, não só para fugir do calor mas para simular o inverno europeu: Campos de Jordão. Nessa cidade, como na fluminense Teresópolis, próximas à linha do trópico, no inverno são necessárias lareiras e roupas de lã.

O norte do Paraná marca um limite para as plantações de café, pois para o sul a freqüência das geadas do clima subtropical produz riscos de "queima" dos cafezais. Em trechos do planalto meridional, como em Santa Catarina e no Rio Grande do Sul, costuma nevar algumas vezes no inverno, atraindo turistas das outras regiões brasileiras.

A tropicalidade brasileira apresenta, assim, uma grande variedade de tipos climáticos. Apesar dessa diversificação, os climas brasileiros não provocam mudanças e oscilações tão freqüentes e bruscas como aquelas recorrentes nas regiões temperadas, nem ocasionam tufões, ciclones, tempestades de neve, ou longas e cerradas neblinas. E quando se canta "moro num pa tropi", na realidade se faz referência a um ambiente cultural que incorporou a natureza tropical para assumir um caráter original. Um bom exemplo é a passagem do Ano-Novo na cidade do Rio de Janeiro. No auge do verão, o Réveillon é comemorado com milhões de pessoas nas praias oceânicas, muitos homenageando Iemanjá. Entre as doze maiores economias industriais do mundo, o Brasil apresentou um sincretismo religioso único, incorporando crenças e práticas culturais produzidas por africanos e índios das latitudes tropicais. Nas praias do Rio de Janeiro, que são espaços públicos, os banhistas chegam pelas ruas vizinhas em roupas de banho, ou utilizando o transporte de ônibus urbanos em trajes sumários. Os estilos da música brasileira, como a "bossa nova", conquistaram mercados nos centros urbanos mais desenvolvidos do mundo, e o Carnaval, com a sua sensualidade, faz parar o país por cinco dias.

A base da idéia da tropicália se encontra na percepção do Brasil como um país de latitudes tropicais que, para formar uma nação única, no sentido de singular, combina de forma original uma visão própria de modernidade, e que relaciona a sua história ao seu ambiente territorial. Tropicalismo, assim, expressa de maneira mais difundida e popular a percepção exposta no *Manifesto Pau-Brasil*, em 1924, por Mário e Oswald de Andrade.

Assumindo, na atualidade, mais um e novo significado, associado à abundância de suas águas e matas, propiciada pelos climas, o tropicalismo brasileiro vem se constituindo em objeto de importantes temas políticos.

No litoral do Sudeste e na Amazônia, encontram-se as áreas de maior precipitação anual, em alguns locais atingindo mais de três metros. Embora as chuvas dessas regiões sejam bem distribuídas ao longo do ano, elas são mais abundantes no verão. O clímax na Amazônia é representado pela floresta equatorial, extremamente rica em espécies, com árvores que atingem até 30m de altura. Da costa do Sudeste para o interior se estendia a Mata Atlântica, quase tão rica e imponente como a equatorial. Na região de São Paulo e do Paraná, ela alcançava até as margens do rio Paraná, mas atualmente cobre apenas áreas reduzidas deste território, pois foi sendo destruída para dar lugar à produção agrícola. De Minas Gerais para o norte, a mata se estreitava, sendo que, no Nordeste, ocupava apenas a faixa litorânea oriental, onde as chuvas são mais freqüentes no outono e onde se instalaram os primeiros canaviais.

Para o interior do Brasil, no Planalto Central, o clima tende a apresentar uma estação seca bem definida no inverno (as pessoas do interior costumam chamar de "inverno" o período de chuva). A vegetação associada a esse clima semi-úmido é uma espécie de savana, o cerrado. No interior do Nordeste, as precipitações pluviais são mais baixas e sujeitas a irregularidades na distribuição, provocando ciclos de anos de seca. Em qualquer ponto da região, as *normais* anuais de precipitação se situam acima de 200mm, bem mais elevadas do que em várias regiões do mundo. (*Normais* são médias das mensurações meteorológicas. Considera-se como boa a normal que cobre pelo menos 30 anos de observações.) O drama do clima semi-árido do Nordeste expressa mais incúria administrativa do poder público e baixo nível cultural da população do que um determinismo climático.

Na direção do extremo sul do Brasil, o clima subtropical vai se tornando mais seco. A floresta subtropical, onde se destacam as araucárias, cede lugar aos campos, a região da campanha prenunciando os pampas platinos.

As abundantes precipitações que cobrem grande parte do país alimentam enormes cursos fluviais que formam grandes bacias hidrográficas. Nas regiões planas da Amazônia e do Pantanal, os cursos d'água tiveram e têm grande papel para a navegação. No planalto, porém, corredeiras e quedas-d'água atrapalham essa função. Mesmo o rio São Francisco (o "Velho Chico" no linguajar popular), conhecido como o "rio da unidade nacional" por ter servido no passado à ligação do Nordeste com o "Sul" do Brasil (para os nordestinos todo o território da Bahia para baixo é o "Sul"), era navegável apenas entre Juazeiro, na Bahia, e Pirapora, em Minas Gerais. Esses dois pontos eram acessados, no passado remoto, por animal, e mais tarde por trem. Os grandes rios de planalto, porém, se tornaram importantes para a geração de energia hidrelétrica, inclusive o São Francisco, onde a cachoeira de Paulo Afonso se tornou local de abastecimento de energia para o Nordeste.

Água e floresta colocam o Brasil no centro de debates mundiais, numa época em que o tema ambiental se torna tão relevante. Regiões semi-áridas, como as do Oriente Médio, apresentam altas taxas de crescimento populacional que acentuam o problema do seu abastecimento d'água. Já se vêem navios tanques transportando suprimentos de água para áreas carentes e também idéias de rebocar geleiras para aproveitar o que não for derretido. Há quem preveja o Brasil exportando água.

A maior parte das florestas tropicais brasileiras já foi posta abaixo para dar lugar à atividade agrícola. No entanto, a floresta equatorial amazônica é ainda gigantesca biomassa. Enorme pressão política, externa e interna, é realizada no sentido da preservação dessa floresta, cobiçada por madeireiros, fazendeiros e colonos. Por um lado, a Amazônia é tida como um "pulmão" do mundo, produtor de oxigênio necessário ao equilíbrio ecológico do planeta. Essa tese é bastante discutida entre os especialistas. Por outro lado, defende-se a preservação de sua rica biodiversidade que tem potencial para futuros e diversificados usos. Setores brasileiros propõem, já há algum tempo, a idéia da cobrança de *royalties,* tanto em função da utilização de plantas amazônicas pela indústria farmacêutica multinacional quanto em virtude das preciosas informações advindas das antigas práticas medicinais indígenas.

Como já mencionado, o Brasil não passa por grandes, ou freqüentes, desastres climáticos; não possui desertos nem solos gelados. Não se encontra sujeito a vulcanismo, tremores de terra (ocorrem apenas, por vezes, pequenos reajustamentos em pequenas bacias de sedimentação relativamente recentes) e maremotos. O país parece ter sido capaz de construir uma "civilização tropical" que acabou sustentando o verso popular "abençoado por Deus" e, mais ainda, acabou criando o mote "Deus é brasileiro".

O território usado e os meios geográficos

O título acima justapõe e remete a duas expressões produzidas por Milton Santos, "*meios geográficos*" e "*território usado*" como categorias de estudo da Geografia. A palavra "território" está associada à política e define um dos componentes indispensáveis à existência do Estado. Já "território usado" pode ser entendido como o território ocupado e vivido por uma população e ao qual se associa o meio geográfico. Quanto à expressão "meio geográfico", caracteriza os territórios usados segundo as técnicas neles empregadas.

A aplicação de um dado sistema de técnicas no espaço geográfico depende da disponibilidade e da escolha desse sistema pelos agenciamentos sociais. A aplicação da técnica reflete uma série de interações no espaço, advindas das esferas política, econômica e cultural, isto é, advindas da sua *formação econômica social.* Inversamente, as inovações e mudanças dos sistemas técnicos também provocam transformações nas instâncias sociais e no próprio caráter da *formação econômica social.* Qualquer mudança no sistema técnico é capaz de provocar reestruturações no meio geográfico, podendo torná-lo palco de conflitos e tensões. É o que vem ocorrendo na metrópole paulistana, quando a automação e a robotização alteraram as condições de emprego.

Os metrôs de Londres e Paris já existem há muitas décadas. No entanto, a introdução desse meio de transporte só muito tardiamente ocorreu nas metrópoles brasileiras. Nestas ainda prevalece o transporte urbano coletivo através de concessões a empresas privadas de serviços de ônibus. No caso da cidade de Nova York, que representa a "Meca" do capitalismo, o serviço de ônibus é público e integrado a um vasto sistema metropolitano, o *Port Authority*, que administra ainda o metrô, os aeroportos e os portos. O *Port Authority* é um agenciamento que reflete a cultura de um capitalismo avançado, uma dada concepção de política metropolitana e seu nível técnico de planejamento e administração.

Da mesma forma que os produtos agrícolas marcantes na história dos ciclos econômicos brasileiros foram introduzidos de fora, os produtos industriais também foram. Com orgulho se reivindica para Santos-Dumont a invenção do avião. Porém essa invenção se materializou na França. Os sistemas técnicos mais avançados introduzidos no Brasil muitas vezes necessitaram ser ajustados às condições do meio geográfico. Embora as práticas de engenharia nas usinas hidrelétricas e de exploração do petróleo em alto-mar não tenham sido originadas no Brasil, em tempos mais recentes o país tem se destacado por introduzir inovações próprias. O mesmo vem ocorrendo com a produção de aviões de porte médio. A implantação do pólo tecnológico em São José dos Campos, na região da Grande São Paulo, iniciada com a instalação do Instituto Tecnológico da Aeronáutica, ITA, colocou o Brasil entre os principais produtores mundiais desse setor.

Uma sociedade pode importar técnicas sem necessariamente incluir todas as práticas relacionadas a elas vigentes no país exportador. Na Arábia Saudita, por exemplo, embora o automóvel tenha sido importado, as mulheres são proibidas de dirigi-lo. Essa filtragem aponta que os instrumentos técnicos podem ser despojados de valores que nos seus países de origem eram a eles associados.

No Brasil, a importação de valores e técnicas provocava, e ainda provoca, uma divisão na sociedade quanto ao que deveria ou não entrar no país. O debate envolveu os mais variados temas. Sobre a imigração estrangeira, por exemplo, até meados do século XX havia correntes que eram favoráveis à entrada apenas de mão-de-obra para a agricultura, impedindo imigrantes de origem urbana. Para muitos, essa posição ocultava preconceitos étnicos e culturais. Preconceitos da mesma natureza também se apresentavam com relação às migrações internas que, a partir dos anos 1930, intensificaram-se no país de forma acelerada.

Durante o curto período do governo Jânio Quadros, em 1960, atendendo a preconceitos que existiam nas metrópoles de São Paulo e Rio de Janeiro contra a entrada de nordestinos, criou-se uma comissão destinada ao controle dessa migração. Ela havia se tornado crescente com a abertura da Rio–Bahia e com o aliciamento praticado pelos motoristas de caminhão que, levando produtos de São Paulo, não queriam retornar vazios. Tábuas eram fixadas sobre a caçamba dos caminhões, e nelas eram assentados os migrantes, que via-

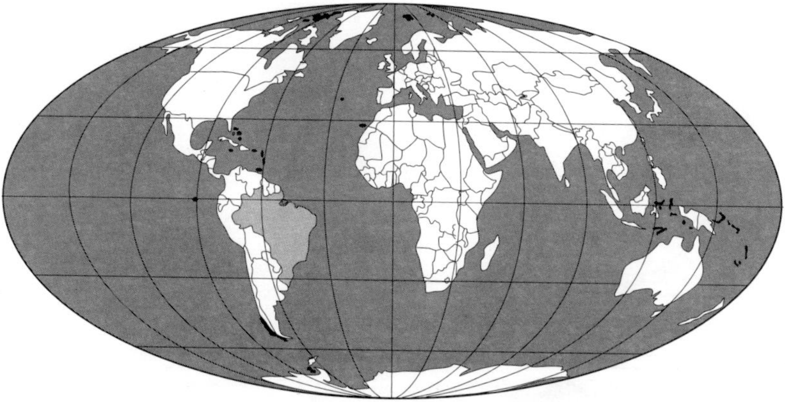

1. O globo terrestre segundo a projeção cartográfica de Berhmann. Note-se o deslocamento dos continentes na direção do Pólo Norte e seus afunilamentos para o sul.

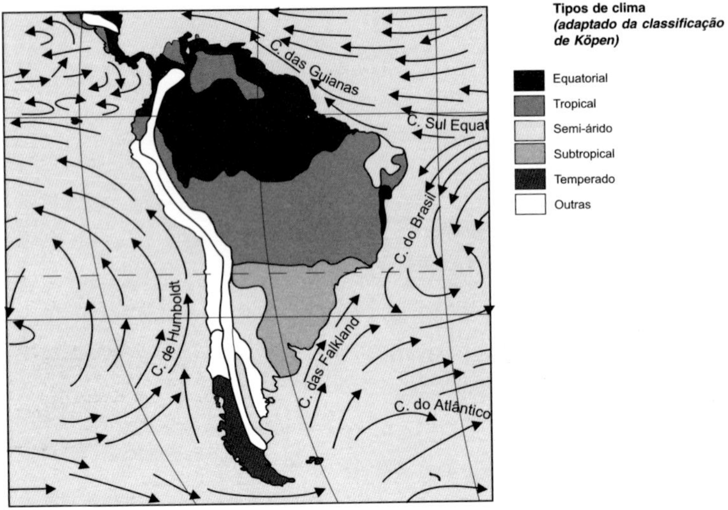

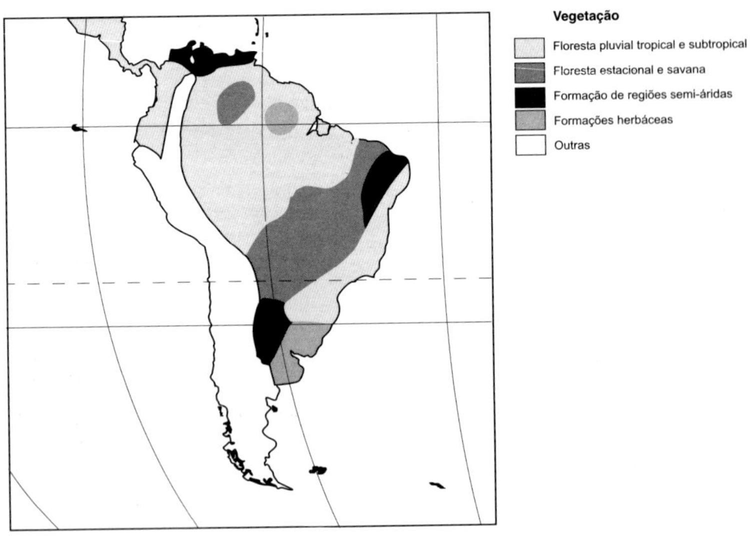

2 e 3. Climas e correntes marítimas, e a vegetação nativa. O cerrado é considerado um tipo de savana. A caatinga pertence à formação semi-árida.

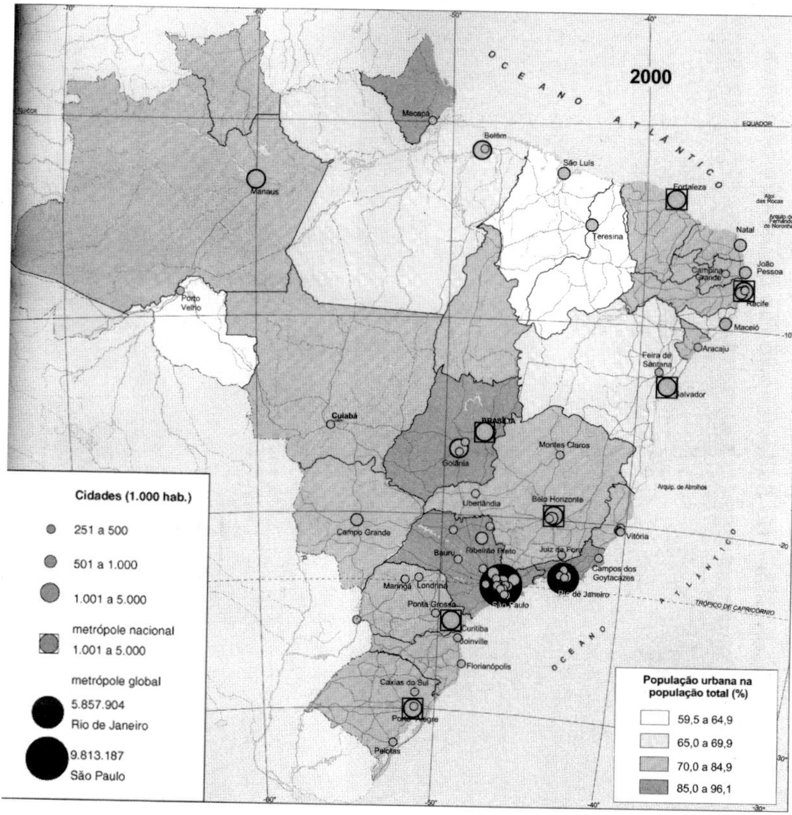

4. Urbanização e hierarquia urbana. Acre, Alagoas, Bahia, Maranhão, Pará, Piauí e Rondônia ainda possuem alta taxa de população rural. No estado do Amazonas, a taxa de urbanização é maior porque grande parte de sua área é desabitada, coberta pela floresta.

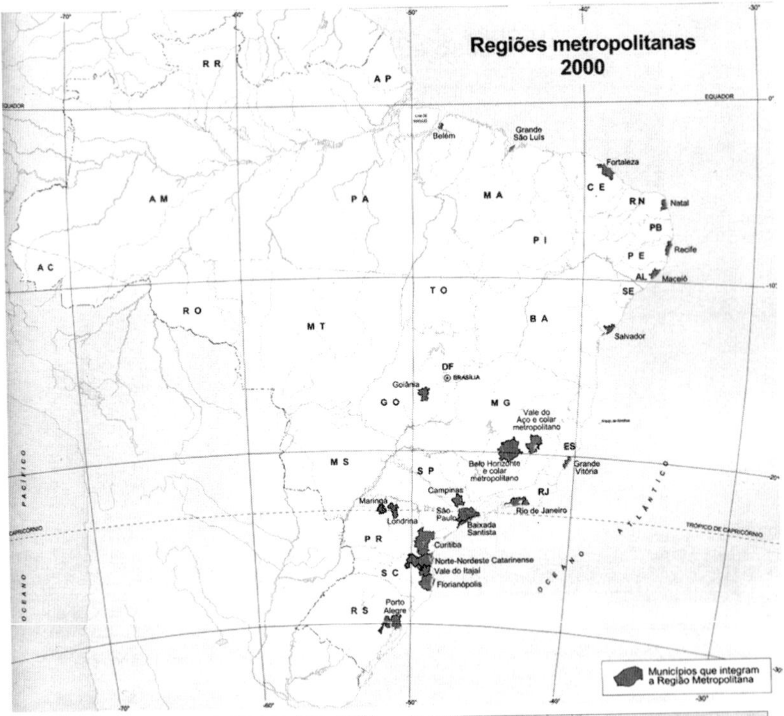

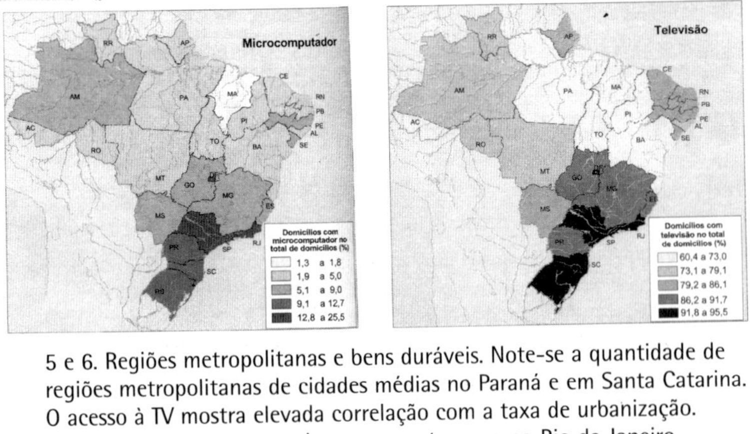

5 e 6. Regiões metropolitanas e bens duráveis. Note-se a quantidade de regiões metropolitanas de cidades médias no Paraná e em Santa Catarina. O acesso à TV mostra elevada correlação com a taxa de urbanização. Quanto aos microcomputadores, concentram-se no Rio de Janeiro, São Paulo e no Sul do Brasil.

javam espremidos durante dias. "Paus-de-arara" foi o termo inventado para designar esses migrantes. Uma vez que a Constituição garante a liberdade de circulação, o discurso apresentado para a proibição dessas viagens foi a condição subumana do transporte. Pouco depois, apareceram as linhas de ônibus entre as cidades do Nordeste e as grandes cidades do Sudeste.

A própria industrialização por substituição de importações, cujo marco são os anos 1930, suscitou o famoso debate Simonsen/Bulhões, no qual um dos lados se posicionava contra a industrialização do Brasil, argumentando que em função de seu custo o país deveria seguir a sua vocação agrícola. O saudoso economista Ignácio Rangel dizia que na história do Brasil, invariavelmente, frente a uma nova situação a classe dominante se dividia em duas. Uma metade progressista, que acabava se impondo ao final, tomava o partido da renovação, enquanto a outra metade era resistente a qualquer mudança.

Durante os anos 1930, ainda atuava fortemente no Brasil uma corrente ideológica que propunha a existência de uma profunda oposição entre o interior, ou sertão, e o litoral. Numa postura reificante, atribuindo comportamentos estritamente conformes à localização geográfica, se sustentava que o interior era o guardião dos puros e tradicionais valores nacionais, enquanto o litoral, aberto à maior influência estrangeira, era poluído por valores alienígenas moralmente dissoludores. A proposta inscrita desde o século XIX nas sucessivas Constituições do Brasil de mudança da capital para o Planalto Central, e que legitimou a construção de Brasília, se apoiou nessa idéia.

O meio geográfico do Brasil, hoje. Milton Santos propôs uma periodização para o espaço geográfico brasileiro, segundo uma seqüência histórica de três meios geográficos: o "*meio natural*", o "*meio técnico*" e o "*meio técnico científico informacional*".

O "meio natural" seria caracterizado pelo peso da utilização da natureza nos processos produtivos, pelos ritmos que são regidos pela natureza, pela reprodução da economia através da extensão horizontal da ocupação do território, pela fraca divisão social do trabalho. Esse meio teria sido dominante no Brasil, pelo menos, até a segunda metade do século XVIII. É o Brasil do engenho de açúcar movido a jumento, do carro de boi que carrega a cana, da tropa de burros que carrega o café. É o Brasil marcado por uma regionalização a partir dos quadros naturais e onde as motivações que atuavam sobre o comportamento político das populações eram de origem local.

O "meio técnico" expressaria a introdução no país das inovações produzidas pela Primeira e Segunda Revoluções Industriais e que ampliaram a capacidade de construção da chamada "segunda natureza" em território brasileiro. ("Segunda natureza" designa os ambientes naturais onde se faz, ou se fez, a presença humana. A pegada da sola do astronauta na Lua faz daquele solo uma "segunda natureza".) O meio técnico não só estendeu o espaço construído como o fez crescer verticalmente, multiplicando e adensando áreas de concentração de atividades e de população. Aumentou a capacidade e a velocidade na produção e na mobilidade de pessoas, mercadorias e idéias. Durante o meio técnico, acentuaram-se a urbanização e a industrialização do Brasil, processos acompanhados por uma maior divisão funcional e social do trabalho.

A propagação do "meio técnico científico informacional", o meio da "era da informatização", se iniciou nos anos 1970/1980. Com o computador, é a própria ciência que passa a ser injetada no interior dos objetos construídos, a exemplo dos edifícios "inteligentes" ou do piloto automático dos aviões. Expande-se o espaço virtual, as imagens dos eventos, em qualquer ponto da Terra, sendo transmitidas em tempo real, "ao vivo", para todos os lugares. A informatização introduziu novas formas de produzir e levou mesmo à proposição de *modo de desenvolvimento*; criou o suporte técnico necessário para a globalização.

Em si, a sucessão histórica dos meios geográficos, a periodização, é assunto da história. À geografia, o tempo interessa mais no sentido dado por Henri Bergson, o de *duração*, no caso, a *duração* dos espaços geográficos. Do mesmo modo que a proposição *forma-*

ção econômica social torna concreta a idéia abstrata de *modo de produção* (porque toma em consideração as variadas formas de integrações que cada modo de produção opera com os modos de produção anteriores, segundo os diferentes lugares), a proposição *espaço geográfico* torna concreto o *meio geográfico*.

O espaço geográfico do Brasil da atualidade é o espaço do meio geográfico técnico científico informacional. Este integra, em sua duração, os legados dos meios pretéritos que deixaram presenças, mais ou menos fortes, segundo os diversos lugares do território nacional. É na fase atual que se observa a maior atenção para a preservação ou tombamento de valores produzidos em meios geográficos anteriores, como Ouro Preto, Goiás Velho, trechos de São Luís e Salvador, ou os Arcos da Lapa, o chafariz e o arco do Teles na Praça Quinze, no Rio de Janeiro. É quando também se multiplica a institucionalização de áreas de preservação do quadro natural e se demarcam reservas indígenas. Desse modo a geografia brasileira oferece um quadro espacial de complexidade crescente, no qual se multiplicam as diversas paisagens.

Portanto, o papel da continentalidade, dos climas, da natureza dos solos e de outros componentes examinados em páginas anteriores deste livro se realizou em cada época conforme o meio geográfico prevalecente. Nesse sentido, analisando o desenvolvimento histórico das formas que compõem o país atual, é possível produzir uma história geográfica do Brasil. Essa análise compreenderá não apenas as formas dos objetos materiais como também as dos objetos abstratos, como os recortes institucionais. A variação das linhas institucionais pode ser observada, por exemplo, em mudanças no desenho do quadro federativo. Durante a fase técnica da era republicana, na década de 1940, houve um momento no qual estados periféricos foram desmembrados para que partes de suas regiões se transformassem em territórios sob administração federal. O gesto visava agilizar o desenvolvimento e sinalizar posturas geopolíticas. Já na passagem para a fase informacional ocorreu o contrário: cresceu o número das unidades federativas autônomas. Não apenas os territórios se tornaram estados, como estados muito extensos e pouco densos, como Goiás e Mato Grosso, após aprovação por plebiscito, foram divididos.

Uma pequena história geográfica

A primeira fase do meio técnico. A primeira fase do "meio técnico" foi marcada pela introdução, entre a segunda metade do século XIX e o início do século XX, da ferrovia, da eletricidade, do telégrafo e do telefone.

Durante a época do "meio natural", as condições naturais de cada área geográfica influíam para o estabelecimento de uma dada economia em torno da qual se desenvolvia uma dada comunidade, ou conjunto de comunidades. Essas áreas, de dimensões variadas, assumiram significado regional e receberam denominações próprias. Ainda nos dias atuais encontram-se áreas que guardam essas diferenças e que mantêm as antigas designações, como o Brejo, na Paraíba, a Zona da Mata, em Pernambuco e em Minas Gerais, o Jalapão, no Tocantins, o Agreste e o Sertão, em diversas partes do Nordeste e a Campanha, no Rio Grande do Sul.

Com o advento das ferrovias, aparecem novas formas de regionalização, agora em torno dos eixos de transporte. É o caso de diversas regiões paulistas, como as da Sorocabana, da Paulista, da Noroeste. Quando a ferrovia é o meio que oferece suporte à abertura de "frentes pioneiras", como no oeste do estado de São Paulo, e quando os seus lucros se formam sobre o transporte dos produtos resultantes do avanço da frente agrícola sobre as florestas, ela assume identidade regional. Desse modo, criaram-se também as regiões da Alta Paulista e da Alta Sorocabana. Surgem novas caracterizações de lugares, por exemplo, a designação de "ponta de trilho" que irá se juntar ao antigo "boca do sertão". "Ponta de trilho" designará localidades terminais de linhas ferroviárias, acessos às frentes pioneiras e com funções de transbordo de mercadorias, no contato entre espaços geográficos em fases distintas de desenvolvimento. Os geógrafos Pierre Monbeig, Leo Waibel, Orlando Valverde e Nilo e Lysia Bernardes, entre outros, publicaram trabalhos clássicos sobre a colonização com frentes pioneiras.

O trilho ferroviário serviu também à expansão das maiores cidades, desde o fim do século XIX, ao se criarem linhas suburbanas que davam origem a subúrbios distantes. No Rio de Janeiro, as fábricas têxteis mais antigas se localizaram nos que eram, na época, arredores próximos, na Gávea, em Laranjeiras, no Andaraí, na Tijuca. Com a ferrovia, porém, uma grande fábrica foi instalada em Bangu, em torno da qual cresceu o subúrbio. Nessa época, as fábricas têxteis construíam vilas operárias à sua volta.

A Light, no Rio de Janeiro e em São Paulo, representou no começo do século XX o maior capital externo investido no país e já voltado para o espaço urbano. A Light atuava em todos os setores da infra-estrutura urbana, iluminação pública e privada, gás encanado, saneamento, telefonia, transporte urbano. A eletricidade permitiu a substituição dos ferrocarris puxados a burro pelos bondes elétricos, em bitola mais larga, o que ofereceu maior capacidade e velocidade de transporte, fazendo do "elétrico" um instrumento importante para o crescimento de bairros e subúrbios próximos das cidades. Na primeira metade do século XX, praticamente todas as capitais e muitas cidades médias, como Santos, Campinas, Jundiaí, Petrópolis, Campos, Pelotas, Juiz de Fora, e muitas outras, eram servidas por linhas de bonde.

O Rio de Janeiro despontara como cidade primaz, capital e a mais cosmopolita do país, desde a chegada da família real portuguesa. No final do século XIX, vivia-se no Rio um tempo social "mais moderno, adiantado e veloz, contrastando com o tempo mais lento e atrasado, quase ainda colonial, das províncias". Com o avanço da fase técnica, a cidade sofrerá a competição crescente da capital paulista, apoiada no desenvolvimento maior de sua região de influência e na sua maior atratividade para imigrantes europeus e para investimentos privados nacionais e estrangeiros na indústria. Ao final da fase técnica, é a cidade de São Paulo que se apresenta como a primaz do país, com quase o dobro da população carioca. Enquanto o Rio de Janeiro utiliza a idéia de "cidade maravilhosa", inscrita no seu hino, para ampliar sua atratividade, a capital paulista opõe o mote "São Paulo não pode parar".

No início do século XX, as duas cidades passaram por históricas renovações. No Rio de Janeiro, o prefeito Pereira Passos, que abriu a Avenida Central, hoje Rio Branco, tornou-se uma figura polêmica, dada a demolição de áreas residenciais pobres e insalubres localizadas no centro urbano, sem maior trato às populações removidas. O embelezamento da cidade aproximava suas paisagens urbanísticas às de cidades européias. Em São Paulo, o prefeito Antônio Prado saneou o vale do Anhangabaú, construiu o viaduto do Chá e o Teatro Municipal e abriu a Avenida Paulista.

A segunda fase do "meio técnico" é marcada pela introdução e difusão do automóvel, do cinema, do rádio, do avião, pelo uso do diesel em trens e navios, substituindo o carvão-de-pedra, pela eletrificação de ferrovias, pelo uso crescente de elevadores e pela verticalização das cidades.

Histórias heróicas cobrirão essas fases da construção do Brasil, como a do transporte da maquinaria importada da Inglaterra, através da serra do Mar, desde o porto do Rio de Janeiro, para uma fábrica de tecidos da família Mascarenhas, em Juiz de Fora, cidade que já foi conhecida como a "Manchester brasileira", ou ainda as histórias do marechal Rondon implantando linhas de telégrafo no Oeste do país, do correio Aéreo Nacional e da construção da ferrovia Curitiba-Paranaguá. As aventuras da coluna Prestes eram contadas pelos moradores da região do Jalapão ainda em 1943, quando por lá passei participando do levantamento da Carta ao milionésimo pelo IBGE.

Episódios do levantamento da Carta ao milionésimo pelo IBGE, aliás, ilustram o fato de uma nova técnica de representação do espaço poder provocar reações de setores da população. A campanha cartográfica compreendia fincar marcos geodésicos no território, indicadores de latitudes e longitudes. Nas regiões rurais tradicionais, onde as propriedades ainda podiam ser demarcadas por uma velha árvore, gerou-se o receio de que aquela atividade de funcionários federais pudesse conduzir a intervenções na malha fundiária, ou pior, servir a uma reforma agrária. Assim, muitos fazendeiros esperavam a noite para arrancar os marcos geodésicos acaso fincados em suas propriedades.

Urbanização e industrialização. É comum no Brasil, marcar-se os anos 1930 como um momento de inflexão da história nacional, quando teria tido início o que se denomina *urbanização* e *industrialização* do país. No entanto, poder-se-ia questionar essa periodização. Afinal, o povoamento inicial do Brasil já se dera no contexto do mercantilismo, fase marcada pela ascensão das cidades frente ao castelo feudal. Além disso, o português trazia consigo a tradição mediterrânea do habitat urbano. Sucessivamente, cidades foram fundadas para defender o poder luso, as áreas produtoras de açúcar, e para exercer as funções de porto exportador e de sede da administração colonial, caso de Salvador e Rio de Janeiro. Depois, vieram as cidades da mineração, como Ouro Preto e Goiás Velho. Durante esse ciclo, Ouro Preto, como Salvador e Rio de Janeiro, alcançou novo nível social, e um novo passo foi dado com a chegada da família real portuguesa. Iniciava-se, então, o ciclo do café, e novas cidades iriam se desenvolver, como Campinas, Botucatu, Itu e outras. Vieram, depois, as cidades de colonização "européia", como Blumenau, Novo Hamburgo e Caxias do Sul. Em seguida, cidades da expansão do capitalismo no campo, como Ribeirão Preto e Londrina. Todas estas e muitas outras apareceram antes de 1940 e continuam presentes na geografia brasileira. Na primeira metade do século XX, ainda que grande parte do comércio, mesmo do varejista, e das atividades artesanais e industriais fosse exercida por estrangeiros, atividades importantes, nos setores social, cultural e político eram praticadas em centros urbanos. Abolição, República, tenentismo, modernismo e sindicalismo tiveram nas cidades suas bases de desenvolvimento.

A questão é que, primeiro, o Brasil vinha se desenvolvendo como grande exportador de matérias-primas agrícolas e minerais, e a classe dos fazendeiros exercia forte hegemonia social e política, com a maior parte da população trabalhando e vivendo no campo. A estrutura social era dominada pela divisão entre dois setores. Um era formado, no campo, pelos detentores de terras próprias ou alugadas, e na cidade, por uma pequena elite e classe média de profissionais liberais e funcionários públicos. O outro era composto pela enorme massa pobre de trabalhadores braçais. Segundo, diante da imensidão do território nacional, as maiores cidades, distantes entre si, mantinham relações relativamente fracas. Elas organizavam suas redes regionais, mas a integração nacional era baixa. A produção industrial, predominantemente de têxteis e de outros bens de consumo não-duráveis, destinava-se a mercados regionais ou exportação, como no caso de carnes e óleos vegetais. E, terceiro, talvez o mais importante, o próprio ambiente urbano encontrava-se impregnado pela atmosfera cultural que emanava da sociedade rural. Ainda nos dias atuais se observa em muitos prédios de apartamentos urbanos, como herança dessa cultura, a prática (formalmente ilegal) de se proibir o acesso aos elevadores sociais para os empregados domésticos.

Por todas essas razões utilizam-se os termos de urbanização e industrialização para o crescimento do fato urbano e da produção industrial a partir dos anos 1930. Nessa década observa-se o início de uma aceleração na migração rural-urbana e no crescimento da taxa de população urbana, enquanto o produto industrial começa a superar, em valor, o do setor primário. Nessa década, também, o Estado começa a assumir um novo papel e uma nova forma na condução da urbanização e da industrialização.

No primeiro governo Vargas, o grupo no poder desperta para o significado político da urbanização. Ao grupo getulista convinha utilizar a cidade para criar uma massa crítica de trabalhadores urbanos a servir como sua base e sustento político. A concentração urbana serviria também a um projeto nacionalista de industrialização, sem necessidade de passar por uma reforma agrária. A Consolidação das Leis Trabalhistas, a CLT, limitou-se, originariamente, ao espaço urbano, e atuou como estímulo à migração rural-urbana. O incentivo da urbanização contou também com a eletrificação dos ramais ferroviários suburbanos e com subsídios para as tarifas do transporte urbano. A cidade do Rio de Janeiro, que como capital federal abrigava o grupo no poder, e o estado do Rio de Janeiro, onde governava o genro do presidente, foram privilegiados durante os dois governos de Vargas, com a localização de usinas e sedes de empresas estatais, como as da Companhia Siderúrgica Nacional, Fábrica Nacional de Motores, Companhia Álcalis, Vale do Rio Doce, Petrobras, Vidrobrás e BNDS, hoje BNDES. O Rio se tornaria símbolo de estatismo.

Paralelamente, a metrópole paulistana ia se tornando o principal foco do setor privado da economia capitalista no Brasil. Durante o desenvolvimentismo do governo Juscelino Kubitschek o Estado induziu a entrada de empresas multinacionais, como no caso da Volkswagen, localizada na região metropolitana de São Paulo. O ambiente urbano começava a atrair a produção de bens duráveis. A construção de Brasília marca o começo do desmonte da simbologia estatista. O Estado se atrela mais ao capital privado, nacional e estrangeiro, e a metrópole paulistana acelera seu distanciamento hierárquico em relação ao Rio de Janeiro.

Ao regime militar, instalado em 1964, sem compromissos partidários, não interessam bases eleitoreiras. A política urbana será destinada a fazer desse espaço um instrumento de uma nova fase de acumulação capitalista e a transformar as cidades em elos do controle social. A questão das escalas geográficas é tratada segundo duas perspectivas. De um lado, a implantação de grandes empresas de serviços e de infra-estrutura urbana em nível regional ou estadual visa atender a economias de escala. A engenharia urbana abre mercados para produtos que passam a ser fabricados no próprio país. A indústria brasileira cresce nesse setor e começa a exportar. Firmas nacionais passam a construir aeroportos, estradas, cidades em outros países, como Iraque e Nigéria, por exemplo. Por outro lado, o governo militar cria incentivos à desconcentração industrial, ao crescimento de cidades médias, visando a maior difusão do capitalismo pelo território nacional.

Uma das formas do processo de industrialização nacional pode ser exemplificada com essa história: uma indústria metalúrgica em Piracicaba, cidade média paulista, começou como pequena oficina de ferragens de um imigrante italiano, Dedini. A guerra de Secessão nos Estados Unidos fizera com que sulistas daquele país tivessem fugido e vindo se instalar no Brasil, em Santa Bárbara d'Oeste. Os americanos introduziram na região o arado, a charrete e a carroça puxada a cavalo, o que demandava produção de ferraduras. Quando a cana-de-açúcar foi introduzida na região de Piracicaba, a terra dos canaviais também passou a ser arada a cavalo e a cana, puxada em carroças de quatro rodas, o que fez com que o mercado de Dedini crescesse. A oficina prosperou, se tornou uma indústria. Em 1962, quando o IBGE visitou a empresa, os descendentes de Dedini já tinham passado a produzir caldeiras para usinas de açúcar da região e de fora do país. Posteriormente, durante o governo militar, a empresa passou a produzir toda sorte de sistemas de tubulação, para fins industriais e urbanos do mercado nacional.

O governo militar se empenhou na modernização administrativa das capitais estaduais de tamanho médio, onde as burocracias deveriam se organizar segundo o modelo federal. Tratava-se de estratégia de modernização, de integração territorial e de desenho de um sistema de poder destinado a construir o "Brasil Grande". Nesse processo, as universidades brasileiras abandonaram o modelo francês das *Écoles* e passaram para o sistema de departamentos. Praticamente todas as universidades estaduais foram federalizadas.

Ao longo do regime militar, enquanto se ampliavam e se criavam novas empresas estatais, cresceu sobremaneira a presença de uma burguesia nacional, inclusive de "capitães de indústria", assim como a de empresas estrangeiras, que passavam da categoria de multinacional para a de transnacional. O chamado "tripé" (empresas de capital estrangeiro, de capital privado e estatais).

Já durante os anos 1950, as estratégias espaciais dos agenciamentos públicos e privados haviam passado a se apoiar em bases teóricas e técnicas de cunho acadêmico e importadas do exterior. A criação da Sudene, nessa época, expressou a tomada de conhecimento de que o meio técnico contribuiu para um agravamento das desigualdades regionais, uma vez que as indústrias de bens duráveis e de capital tendiam a se concentrar no Sudeste. Na ciência econômica, desenvolvia-se a chamada economia espacial, enquanto a geografia produzia estudos de hierarquia urbana, organização de áreas de influência e polarização, regiões homogêneas, formação de metrópoles e aglomerações urbanas. Na década de 1970, o governo militar institucionalizou a região metropolitana, definida pela esfera federal.

Ao se atingir as fases recentes do meio técnico, os transportes inter e intra-urbanos ficaram montados sobre veículos movidos a produtos derivados do petróleo. No caso das ferrovias, apesar da instalação de algumas linhas longitudinais, como a São Paulo–Rio ou São Paulo–Porto Alegre, elas nunca chegaram a ter maior influência para o desmanche do padrão espacial instalado desde o início da colonização, de tipo "arquipélago econômico". A ferrovia chegou a se adensar em algumas regiões, mas sem criar um padrão de malha integradora, como se vê na Europa. Na realidade, diversas linhas antigas foram desativadas na segunda metade do século XX. Nesse período foram implantadas algumas novas linhas, porém estas seguem o padrão que se tornou o mais rentável para esse meio de transporte: servem, fundamentalmente, ao transporte de produtos a granel, de um ponto de origem a um ponto de destino, sem paradas em estações intermediárias. É o caso da Vitória–Minas, carregando minério para o porto de Tubarão, ou da mais recente Carajás–Itaqui, também destinada ao transporte de minério, principalmente.

A quebra do modelo territorial de compartimentos regionais e a formação de malhas integradoras serão exercidas pelos sistemas rodoviário e aeroviário. A rodovia irá ampliar a extensão dos territórios usados no Brasil, cobrindo os campos cerrados e penetrando pela Amazônia. Nos cerrados, aliás, antes da construção das estradas eram os próprios caminhões que abriam seus caminhos, seguindo por antigas trilhas percorridas pelas tropas de animais, derrubando a vegetação.

Nas cidades, na década de 1960, os bondes foram substituídos por veículos a motor, que passaram a ser produzidos no país. O trem suburbano e, em certa medida, o bonde tinham acentuado a forma tentacular no crescimento das grandes cidades. Particularmente no caso do Rio de Janeiro, a topografia de planícies e vales separados por linhas de morros e colinas acentuou o padrão de corredores habitados ao longo dos eixos de transporte, separados por espaços vazios. A presença do automóvel promoveu o preenchimento das áreas urbanas situadas entre os longos eixos longitudinais, porém a circulação transversal continuou relativamente fraca. A abertura de túneis, como o Rebouças, e de rodovias transversais, como a "linha Amarela", visa o descongestionamento dos eixos longitudinais. O formato espacial da cidade do Rio de Janeiro, onde linhas de morros paralelos aos grandes eixos longitudinais e planícies beirando a baía foram ocupadas por favelas, criou uma geografia social compartimentada. Tal quadro e a ausência de maior circulação transversal facilitam o desenvolvimento da exclusão e da violência.

A eletricidade e o elevador possibilitaram o crescimento vertical dos prédios e o conseqüente adensamento de áreas urbanas. Este cria economias de escala e de aglomeração, fator para conter a expansão horizontal da cidade. A verticalização é um instrumento de democratização, ao permitir a moradia em trechos aprazíveis das cidades a um maior número de pessoas. O outro lado da moeda revela os aumentos de congestionamento e a possível destruição de paisagens, e, contraditoriamente, pode influir para a expulsão de população residente de bairros em que os edifícios vão sendo ocupados por escritórios, consultórios e afins. O crescimento recente da consciência ambiental surgiu principalmente do interior de grandes cidades. Ele conduz os poderes públicos municipais a estabelecerem posturas que ajustam os interesses econômicos no crescimento do ambiente construído aos votos das populações interessadas na manutenção ambiental.

As formas do comércio nas cidades se alteram com a verticalização. Nas áreas residenciais de prédios de apartamentos, praticamente desapareceram os pregões de ambulantes vendedores de frutas, sorvete, vassouras, ou de prestadores de serviços, como afiadores de cutelaria. O que se tem hoje são camelôs estacionados nas ruas centrais, vendendo quinquilharias ou pequenos mas sofisticados produtos da indústria eletrônica, muitos deles contrabandeados. Os supermercados substituíram quitandas e armazéns, e os shoppings, inicialmente localizados nos subúrbios distantes, passaram a se multiplicar no interior das cidades. O shopping se tornou também local de entretenimento e lazer.

A construção da usina de aço de Volta Redonda em 1941 foi um marco do início da industrialização. Quarenta anos depois, o Brasil já produzia quase toda espécie de produto industrial destinado ao consumo final. Tornara-se também um exportador de produtos manufaturados. A produção industrial foi acompanhada por uma série de atividades que incluem a pesquisa acadêmica, o desenho industrial, a propaganda, o crédito, e muitas outras, constituindo fatores de maior divisão funcional e social do trabalho. Ela também acabou servindo de suporte para profundas alterações no espaço econômico rural.

Um aspecto do "meio técnico" no Brasil foi o estabelecimento de centros de pesquisa agronômica, que exerceram importante papel no desenvolvimento da agricultura brasileira. O Instituto Agronômico de Campinas, por exemplo, introduziu o algodão herbáceo no estado de São Paulo. A Escola Superior de Agricultura Eliseu Maciel, de Pelotas, é o mais antigo, fundado em 1883, foi fundamental na produção de trigo e de arroz irrigado no Rio Grande do Sul. A Escola Superior de Agricultura Luiz de Queiroz, de Piracicaba, é de 1901. Sem a introdução de novas variedades de cana-de-açúcar, essa cultura teria dificuldades para se manter em diversas regiões do país.

Uma prática mantida desde a fase do "meio natural" até meados do século XX localizava a produção agrícola em terras de mata, deixando os campos ao domínio da pecuária extensiva. Grande mudança ocorrida nas últimas décadas foi a da inversão, os cerrados sendo ocupados pela agricultura e terras de mata plantadas de pastagens. A ocupação agrícola dos campos, em particular, e o avanço tecnológico agronômico do Brasil, em geral, vêm contando com o substancial apoio da Embrapa, localizada em Brasília. Criada em 1962, como Departamento de Pesquisas e Experimentação Agropecuária, tornou-se a Empresa Brasileira de Pesquisa Agronômica, em 1973.

Na verdade, no planalto do Rio Grande do Sul, já na década de 1950, profissionais liberais urbanos começaram a aplicar seus ganhos na produção agrícola, trabalhando em campos comprados ou alugados. A soja entrava como leguminosa na rotação das culturas, quando trigo e milho eram os produtos nobres. No entanto, décadas depois, com a valorização da soja, verdadeira transformação ocorreu, agora se estendendo ao Planalto Central, onde as áreas de cerrado foram se transformando de pastagens extensivas em plantações de soja. A ocupação agrícola dos cerrados tomou corpo se apoiando na modernização da agricultura, iniciada durante o "milagre" dos anos 1960/1970. Essa modernização se acentuou mais recentemente, com maior uso de fertilizantes e de mecanização. O número de tratores nos estabelecimentos agrícolas passou de 175 mil, em 1970, para 800 mil, em 1996, segundo o IBGE. Ao mesmo tempo, vêem-se áreas de mata amazônica serem derrubadas e queimadas para se transformarem em áreas de pastagem, o que, certamente, não representa um progresso social.

A propósito, observe-se que o Brasil apresenta padrão de país desenvolvido no que diz respeito ao consumo *per capita* de carne. Isso reflete um padrão cultural herdado do passado colonial, quando o criatório propiciou o estabelecimento das charqueadas no Nordeste e no Rio Grande do Sul. O charque se tornou alimento difundido, apropriado ao transporte por longas distâncias. Historicamente, o tamanho do rebanho bovino brasileiro cresce na proporção do crescimento da população. Até recentemente, crises no abastecimento da carne se transformavam em crises políticas.

Na atualidade se utiliza a expressão "urbanização do campo" para designar não apenas a introdução de infra-estrutura urbana nas pequenas cidades das regiões agrícolas como também no próprio meio rural.

Compreende o asfaltamento de estradas vicinais, a instalação de iluminação pública, de água encanada, de postos telefônicos etc. Compreende também a introdução de novas formas de atividades, como as que combinam sítios de recreio de citadinos com produção agrícola e as que transformam antigas fazendas em pousadas para a indústria do turismo. Inclui ainda a difusão entre a população rural de valores e hábitos vigentes nas grandes cidades. É esse o quadro que o Brasil começa a mostrar nas suas regiões mais desenvolvidas, quando o país se aprofunda na fase do meio técnico científico informacional.

A flecha Estado – cidade – mercado e cidadania

A flecha do desenvolvimento brasileiro moderno mostra, primeiro, o Estado atuando diretamente para o crescimento da cidade e, depois, a cidade oferecendo possibilidades para a expansão do mercado e da cidadania. Esse processo corre paralelo à passagem do país do meio técnico para o meio informacional. Esses movimentos promoveram reestruturações de todo o território nacional, de modo que além das tensões originadas por mudanças nas relações de classe, nos posicionamentos culturais e políticos, aparecem também outras fontes de tensões relacionadas às mudanças territoriais.

O meio informacional é caracterizado pela difusão do conhecimento, da informação e da comunicação, formando o mundo das redes. Esses aspectos, entre outros, tornaram-se incompatíveis com o regime militar, que acabou se extinguindo entre 1978 e 1984. Com a democratização e o crescimento da consciência cidadã, as tensões que apareciam ganhavam maior visibilidade. Na mídia, tudo passou a ser exposto e debatido.

No trecho do Estado para a cidade, apelou-se ao nacionalismo tanto para dar suporte ao chamado estatismo, quanto para justificar os privilégios oferecidos aos produtores. É verdade que o Estado também onerou pesadamente a empresa privada brasileira, importante fonte de sustentação da máquina estatal, com seus setores privilegiados. No entanto, em troca, ofereceu-lhe ampla liberdade de comportamento frente aos consumidores, além de criar formas de protegê-la da concorrência externa. Por outro lado, nessa fase, o crescimento demográfico muito elevado servia para acelerar o crescimento das cidades e, de certo modo, compensar através do aumento da população o seu relativamente baixo poder de compra. Entre 1950 e 1960, por exemplo, a taxa geométrica média do crescimento populacional foi de 3%. Diga-se que, com um crescimento demográfico dessa ordem, em que a população urbana passou de 13 para 130 milhões, em 60 anos, seria muito difícil eliminar os quadros de pobreza, ou estender os padrões de urbanismo por todas as cidades.

No trecho cidade–mercado/cidadania, crescem as pressões e demandas por parte do consumidor e do cidadão. Nessa fase o Brasil se torna mais atrelado à economia da globalização, o que promove maior abertura do seu mercado para o exterior. De um lado os empresários nacionais vêem a sua liberdade frente ao mercado diminuída, o que aliás tem sido fator para a melhoria da qualidade de seus produtos. Por outro lado, as empresas estrangeiras se ajustam a práticas tradicionais, pressionando os consumidores. Estes, por sua vez, vêm aumentando a resistência, em termos individuais, tendo sido observado acentuado crescimento de recursos ao Procon e de ações judiciais.

Todos esses fatos são fontes de tensões. Há quem chame as décadas de 1980 e 1990 de "décadas perdidas", considerando a diminuição do ritmo do crescimento econômico, o aparecimento de elevadas taxas de desemprego e o crescimento relativo da ocupação informal, bem como a manutenção de alta desigualdade social. Segundo dados da PNAD (Pesquisa Nacional por Amostra de Domicílios), considerando-se 1980 igual a 100, a produtividade industrial subiu 182,8% em 1999, mas o emprego apenas 57%. Entre 1990 e 1998, em números absolutos, o emprego industrial caiu de 9,4 para 8,2 milhões. Quanto à renda, os 10% mais favorecidos da população economicamente ativa se apropriavam de 48% da renda nacional, enquanto os 50% da categoria mais inferior auferiam apenas

10% do total. Ao mesmo tempo, entre 1995 e 1999 ingressaram no país investimentos estrangeiros no valor de 81 bilhões de dólares, fazendo do Brasil o segundo maior receptor de recursos externos, após a China. Se 40% desses investimentos foram destinados a adquirir empresas privadas já existentes ou para fusões e 35% para as privatizações, ainda assim não é de se desprezar os mais de 20 bilhões aplicados em novos estabelecimentos ou em expansões.

Outros consideram essas décadas como sendo as de um ajuste social, apresentando indicadores que apontam para avanços sociais no campo demográfico, da educação, e da mobilidade social vertical. A taxa geométrica média anual do crescimento da população caiu para 1,3% ao final da década de 1990, apesar da forte queda da mortalidade. As taxas de natalidade e de mortalidade, que eram de 45 por mil e de 25 por mil em 1940, passaram, respectivamente, para 22 por mil e 7 por mil, em 2000, segundo os censos demográficos. Menores de 0 a 14 anos, que em 1980 ainda compunham 38% da população, em 2000 eram apenas 31%, enquanto pessoas de 60 anos ou mais alcançavam 7,8%. Dados da PNAD mostram que em 19 anos, de 1976 a 1995, o número de Pessoal Ocupado em Atividades Técnicas, Científicas e Afins mais do que dobrou, de cerca de 2,4 milhões para cerca de 5,2 milhões, bem acima do crescimento total da população. De 1973 a 1996, a categoria de chefes de família da chamada "elite" passou de 3,5% para 5%. Os chefes da categoria mais baixa, composta de pedreiros, trabalhadores rurais, pescadores e outros passaram de 65% para 55%. Por outro lado, no mesmo período, o número de filhos dos chefes dessa categoria que se encontravam na mesma condição social caiu de 32%, para 24%.

Aparentemente, o consumo urbano vem influindo no perfil da produção industrial brasileira. O setor da produção de veículos a motor, em termos de vendas, passou do 5º lugar em 1986, para o 2º em 1996, embora também conte a exportação. O setor de alimentos e bebidas passou de 12º para 4º lugar; o de material elétrico, eletrônico e de comunicações, de 11º para 8º lugar; o de papel, editorial e gráfica, de 4º para 3º lugar. A exportação da celulose influiu no crescimento desse setor, porém o subsetor editorial e gráfica foi o que mais se ampliou, sugerindo a influência da indústria da cultura para o crescimento do setor. É dito que a cultura se tornou "a estratégia do capitalismo mais recente".

Naturalmente, o meio informacional brasileiro se encontra mais denso em territórios usados nos quais são mais intensas as articulações entre a economia e o espaço da globalização, vale dizer nos territórios metropolitanos de São Paulo e Rio de Janeiro, que já estão sendo classificados como "metrópoles globais". Novas estatísticas se fazem necessárias para a caracterização das cidades mais articuladas com a globalização, como o número de salas de convenções nos seus grandes hotéis, o número de locadoras de videocassete existentes, o número de pessoas que possuem cartão de crédito, que têm acesso a computador etc. A instalação do museu Guggenheim no Rio de Janeiro significaria ampliar o seu espaço cultural e o da globalização.

A construção de prédios em estilo pós-moderno e a ampliação de espaços do entretenimento e lazer são outros aspectos da dinâmica dessas metrópoles. Contudo, citam-se três aspectos que vão em sentido negativo. O primeiro refere-se ao fato de que, nessas metrópoles, aprofundam-se as fissuras sociais e a correspondente fragmentação territorial. Os espaços segmentados apresentam paisagens que vão desde os luxuosos condomínios fechados às mais pobres favelas, divisão que origina tensões territoriais. O programa Favela-Bairro, da municipalidade do Rio de Janeiro, se funda na melhoria do urbanismo nas favelas e na introdução de serviços sociais. A cidade do Rio de Janeiro como um todo cresceu à taxa geométrica média anual de cerca de 0,7% entre 1991 e 2000; a população favelada, porém, cresceu cerca de 2,4%. Essa diferença é devida, principalmente, a comportamentos demográficos distintos.

A cidade possui também a mais alta taxa de idosos do país, 12,8% da população total. Os menores de 15 anos declinaram de 30,6% em 1940 para 22,6% em 2000. Isso significa que, na atualidade, o mobiliário urbano das praças nos bairros onde a população idosa se encontra mais concentrada, deve incluir não apenas balanços ou escorregas, mas também mesinhas e assentos de cimento para servir aos aposentados.

Para a cidade de São Paulo, o Dieese (Departamento Intersindical de Estatística e Estudos Socioeconômicos) utiliza a expressão "túnel do tempo" para representar as desigualdades extremas entre classes sociais no interior da metrópole, segundo estatísticas de diferenças de renda, de tempo gasto nos movimentos pendulares entre local de trabalho e de residência, de condições de moradia etc.

Um segundo aspecto se refere à tendência das pessoas a se dedicar mais a atividades solitárias, e não compartilhadas e públicas. Em vez de irem ao cinema, assistem em casa ao videocassete; em vez de irem ao estádio, assistem aos jogos pela televisão. Trabalha-se em casa, com computador. Cria-se a tensão entre movimentos sociais urbanos e tendências de isolamento dos cidadãos, tema que vem ocupando a atenção de cientistas sociais. Como um todo, o Brasil é um dos mais avançados países em informatização, com 12,5% das pessoas tendo acesso ao computador e 8,3% à Internet. Na cidade do Rio de Janeiro, o indicador é de 23,6%, mas varia de 59,2% na Lagoa para 6% em Santa Cruz e 4,2% na favela da Maré.

O terceiro ponto refere-se, naturalmente, à crescente violência no interior das metrópoles globais brasileiras. Por outro lado, no entanto, no contexto do meio informacional do interior das cidades se multiplicam formas de "gestão participativa", uma expressão do crescimento do exercício da cidadania. Temas que vêm mobilizando a consciência cidadã nas cidades são o do ambiente, o da própria cidade e o das regiões brasileiras em geral.

Novos aspectos da regionalização. A maior "fluidez" do espaço provocada pela informatização possibilita a maior dispersão de atividades e objetos, e chegou a criar a proposição da "desterritorialização", que numa certa medida se refere a novas territorializações.

Um dos aspectos do novo padrão de regionalização diz respeito às "regiões/cidades globais". Trata-se de regiões marcadas, entre outros fatores, 1) pela dimensão de seus espaços coalescentes formados por diversas aglomerações urbanas; 2) pela ocorrência de mudanças internas de localização de estabelecimentos e empresas, com a retirada dos estabelecimentos industriais do interior de suas metrópoles enquanto nelas crescem os chamados serviços qualificados, como os de assessoria, consultoria, organização e administração de empresas; 3) pela quantidade de novos investimentos que se relacionam à economia globalizada; 4) pela presença articulada dos agenciamentos empreendedores que podem representar a esfera internacional e a esfera regional/local, a esfera pública e a esfera privada, voltados para uma perspectiva comum de desenvolvimento.

No Brasil, protótipos dessa formação se desenham em torno de São Paulo, do Rio de Janeiro e na direção dos estados sulistas. Em 1997, consideradas as 500 maiores empresas do país, 172, ou 34,4%, se encontravam no interior da Região Metropolitana de São Paulo, mas já outras 35 estavam localizadas no entorno metropolitano. Havia 47 no Paraná e no Rio Grande do Sul e 10 em Santa Catarina.

A Constituição de 1988 transferiu aos estados a competência de definirem regiões metropolitanas e aglomerações urbanas. Santa Catarina figura com diversas, mais do que em outros estados mais extensos e mais populosos. Trata-se certamente de um indicativo da influência cultural, de sentimentos comunitários mais fortes associados à colonização européia.

A formação de um protótipo de cidade/região global é exemplificada com o caso do Rio de Janeiro. A capital do estado vem passando pelo processo de ampliar o seu setor de serviços qualificados, enquanto assiste à emigração de atividades industriais de seu interior. Uma extensão do estado, compreendendo diversas áreas, vem desenvolvendo atividades conjugadas à globalização, sendo que três centros vêm apresentando um crescimento maior que o da própria metrópole. Trata-se da aglomeração Resende/Porto Real, centro industrial em que se destaca o setor automobilístico, a aglomeração Cabo Frio/Búzios/Arraial do Cabo, centro de turismo, e Macaé, centro de serviços na área da exploração petrolífera. Outro centro a considerar é o porto de Sepetiba, que graças às suas águas muito profundas tem a perspectiva de se tornar um *hub* (porto onde se transbordam mercadorias de navios gigantescos para navios menores, visando a redistribuição, e vice-versa) para o Atlântico Sul. A formação territorial tem deixado de fora do novo tipo regional as áreas de Itaperuna, São Fidélis e outras do norte do estado.

A quantidade de pessoas que têm acesso ao computador numa dada região não expressa propriamente o nível das atividades econômicas ali localizadas. Expressa a capacidade aquisitiva da população e seu nível cultural. Contudo, haverá correlação entre o acesso ao computador e o grau do envolvimento da região com as forças da globalização. Os números brasileiros do Censo de 2000 mostram índices de 18% no estado de São Paulo, 15,5% no do Rio de Janeiro, 12,3% em Santa Catarina e 11,6% no Paraná e no Rio Grande do Sul. Cai para 9,2% em Minas Gerais e 7,4% no Mato Grosso do Sul, o menor índice sendo o do Maranhão, 2%, inferior ao da favela da Maré, no Rio de Janeiro.

Aspectos culturais e políticos. Ao longo da história, as diversas regiões brasileiras foram adquirindo elementos culturais próprios. Na grande coleção *Geographie Universelle*, publicada em Paris na década de 1920, Pierre Denis reconhecia tipos culturais no Brasil, como o cearense, o pernambucano, o baiano, o mineiro, o paulista, o gaúcho. Por um lado a urbanização e as migrações internas transferiram elementos culturais de uma região para outra. Dessa forma, incorporando elementos trazidos de fora, inclusive do exterior, cada lugar se torna internamente mais diversificado. A feira nordestina no Campo de São Cristóvão, no Rio de Janeiro, ou o bairro da Liberdade, em São Paulo, com elementos do Oriente, são exemplos disso. Mas, por outro lado, o meio informacional compreende forças de homogeneização que diluem os aspectos tradicionais, difundindo valores comuns da atualidade, inclusive os da globalização e os da chamada pós-modernidade. Nesse processo, objetos regionais específicos são selecionados para adquirirem novas funções, servirem de objetos de espetáculo, a cultura sendo usada como estratégia do capitalismo. É o caso do Pelourinho, em Salvador, onde se apresentam espetáculos da cultura afro-brasileira, ou o Oktoberfest, de Blumenau, que utiliza o *fácies* arquitetônico da cidade e a cerveja, relacionados à colonização alemã, como atrativos de turismo.

As maiores cidades que concentravam os serviços necessários às regiões agrárias se tornaram as capitais dos estados da República. Desde o passado colonial havia uma burocracia atrelada a um projeto centralizado de poder, em termos decisórios, mas que, dada a dimensão do país, devia administrar o território em termos regionais. Durante a República Velha, com o crescimento da população e da produção de cada estado, as elites regionais procuraram se estabelecer com mais força, criando burocracias próprias. Até mesmo fundaram partidos políticos ditos nacionais, mas de representação regional. Com o avanço da fase técnica, as forças federais integradoras trataram de reduzir os poderes regionais, inclusive quebrando eventualmente suas autonomias. Na época do Estado Novo, acabou-se com o título de "presidente" para os chefes de governo estadual, e os governadores eram nomeados com o título de interventores. Durante o governo militar, o poder federal indicava os candidatos à eleição de governador. No meio informacional, com o país democratizado, a balança retorna à valorização das escalas regional/estadual e local. Os principais estados emergiram muito mais densos economicamente e mais populosos. Na atualidade, um estado como São Paulo possui um peso demográfico e econômico semelhante ao da Argentina, enquanto uma cidade como São Paulo pesa mais que a maioria dos estados brasileiros.

O Brasil fora de seus limites. Dois aspectos serão salientados no processo de transbordamento da nação, para além de suas fronteiras territoriais. Um deles se refere ao Mercosul, um mercado comum que reúne Argentina, Brasil, Paraguai e Uruguai, e do qual participam como observadores Bolívia e Chile. As formas geográficas também tiveram um certo papel nessa configuração. Com efeito, é do Rio de Janeiro e de São Paulo para o sul, que se encontram os protótipos de regiões/cidades globais no Brasil, isto é, na direção dos vizinhos do bloco. O outro parceiro forte, a Argentina, apresenta por sua vez uma faixa de cidades que inclui Buenos Aires, Rosário e Córdoba, formando uma região densa e industrializada que não se encontra demasiadamente distante do território brasileiro. Assim, no continente sul-americano, foi justamente sobre um espaço que reúne as regiões mais urbanizadas e industrializadas, e relativamente próximas entre si, que pôde ser criado um mercado comum.

Por outro lado, as características acima já vinham influindo para interações entre as mencionadas regiões, antes mesmo da formação do bloco. Exemplos disso são o veraneio de argentinos nas praias de Santa Catarina e mesmo do Rio de Janeiro e de Cabo Frio, o movimento dos sacoleiros brasileiros na ponte da Amizade, trazendo mercadorias do Paraguai, a instalação de criadores de gado brasileiros no Paraguai e o aumento da vinda ao Brasil de migrantes e de estudantes paraguaios e bolivianos.

O outro aspecto a ser salientado refere-se à extensão da nação brasileira através da formação de uma importante diáspora por diversos países do mundo. O país, que fora importante centro de imigração européia e asiática, agora exporta população. O movimento tomou forma justamente quando o meio técnico informacional se instalou. Há de se observar que a migração na atualidade apresenta algumas características que a diferenciam das que tinham lugar até a Segunda Guerra Mundial. No passado a migração representava, em geral, a separação definitiva do migrante de seu país de origem. Com o avião a jato, o DDI, a TV a cabo, o mundo diminuiu. Em dezembro, os vôos entre o Brasil e os Estados Unidos estão congestionados, quando migrantes brasileiros voltam para passar o Natal. Além disso, e talvez mais importante, o multiculturalismo e o pluriculturalismo que passaram a vigorar dão um novo sentido à assimilação do migrante. Os filhos dos migrantes não só gozam de dupla nacionalidade como podem manter duas identidades culturais, o que permite que também pertençam à nação de seus pais. É assim que a nação brasileira se estende além de seus limites territoriais.

As maiores colônias brasileiras se encontram nos Estados Unidos, no Japão e no Paraguai, mas há outras espalhadas por diversos países. No caso do Japão, reúne descendentes de migrantes japoneses no Brasil. No caso dos Estados Unidos, muitos fatores influíram no estabelecimento das colônias, as maiores delas localizadas em Miami e Nova York. Um deles é a "captação de cérebros", pois muitos jovens brasileiros que vão estudar em universidades americanas acabam estabelecendo-se ali; outro é o movimento do turismo, permitindo que muitas pessoas repitam as visitas e descubram possibilidades de permanecer, aproveitando inclusive, a própria criação das colônias, para ocupar empregos em estabelecimentos de brasileiros ou em seus lares. Nota-se que brasileiros de classe média, quando no exterior, em outro meio cultural, aceitam empregos que no Brasil recusariam por questão de status.

Calcula-se em cerca de dois milhões o número de brasileiros emigrados. Muitos enviam economias para o país, o que se torna um apreciável aporte de divisas.

Considerações finais

No meio técnico científico informacional, a informação e a comunicação pela imagem ocupam um lugar crescente. Vale dizer que a observação da forma dos objetos e dos seus processos se torna mais difundida e indispensável para o conhecimento. Assim, a ciência social vem dando atenção crescente à espacialidade das práticas sociais. Não se trata apenas de entender o papel das formas no desenvolvimento histórico passado, ou presente, mas também de como intervir nessas formas, objetivando algum resultado. Por exemplo, o que significa mudar a configuração da cidade do Rio de Janeiro, reduzindo o seu desenho tentacular através do incremento de linhas transversais? O que significa ajustar a forma das calçadas e o mobiliário das praças a uma população que se torna em média mais velha? Conseqüentemente, a escolha das formas que se deseja dar ao espaço geográfico será um dos objetos dos jogos de poder e democracia.

No final da última seção, constatou-se a sutil diferença entre Estado e nação, e que tanto um como outro inscrevem formas geográficas. Para o exercício do Estado, o território é imprescindível. O Brasil Estado é o Brasil dos limites, que o separam de outros Estados, que delimitam as suas unidades federativas. O significado de limites é o da contenção, diferenciação e consenso. A nação transcende o território; o imprescindível é o povo. Para a nação existem fronteiras, que devem ser atravessadas. O significado de fronteiras é o do conflito, transgressão e indiferenciação. Atravessar os diferentes meios geográficos significou atravessar fronteiras. E novas fronteiras deverão ser cruzadas.

Limites e fronteiras são linhas de tensão. O binômio Estado/nação contém a tensão dos dois termos. No Brasil, o Estado antecedeu a nação e assumiu papel condutor, inclusive na construção da própria nação. No quadro de Pedro Américo sobre o "grito do Ipiranga", o homem com a carroça que passa à margem tem sido interpretado como uma representação do povo brasileiro. À medida que a nação ganha consistência, cresce a cidadania. A pressão do meio técnico sobre o ambiente abriu a questão do equilíbrio ecológico, e as primeiras manifestações políticas relativas a ela partiram do seio da nação. Na fronteira presente entre Estado e nação, coloca-se a necessidade de valorização do segundo termo do binômio.

Referências e fontes

A redação deste volume contou com a colaboração de Mônica Sampaio Machado, doutora em geografia pela USP e professora do Departamento de Geografia da Uerj e da PUC-RJ. Dina Moscovici colaborou na produção da Introdução.

p.10: Os conceitos de causas, semicausas, fenômenos de superfície e encontros de profundidade estão em *A lógica do sentido*, de Gilles Deleuze (São Paulo, Perspectiva, 1998, 4ª ed.). Já os termos utilizados para a descrição da relação entre sociedade e espaço são encontrados em *La production de l'espace*, de Henri Lefébvre (Paris, Anthropos, 1972).

p.13: Para a distinção de história geográfica e geografia histórica, ver o artigo de Chris Philo "História, geografia, e o 'mistério ainda maior' da geografia histórica", in Derek Gregory, Ron Martin e Graham Smith (org.), *Geografia humana: Sociedade, espaço e ciência social* (Rio de Janeiro, Jorge Zahar, 1995. p.269-98).

p.13: A história dos movimentos republicanos e regionalistas pode ser encontrada em Eduardo Bueno, *Brasil: Uma história* (São Paulo, Ática, 2002). A citação de Nicolau Sevcenko foi retirada de seu livro *Pindorama revisitada: Cultura e sociedade em tempos de virada* (São Paulo, Fundação Petrópolis, 2000, p.46).

p.15: Sobre a proposição tempo/espaço leia-se, por exemplo, Anthony Giddens, *Modernidade e identidade* (Rio de Janeiro, Jorge Zahar, 2002). No mesmo livro discute-se o movimento de "organização reflexiva" pelo qual passa, por exemplo, a União Européia.

p.22: Sobre o simbolismo das cores usadas nos mapas de Albernáz ver Pedro P. Geiger, "Litoralização e interiorização", in Zeny Rosendhal e Roberto Lobato Corrêa (orgs.), *Paisagem, imaginário e espaço* (Rio de Janeiro, Eduerj, 2001, p.163-81).

p.29: O trecho do diário de Colombo está citado na p.28 do livro de Nicolau Sevcenko mencionado acima.

p.37-8: Milton Santos propõe as expressões "meios geográficos" e "território usado" como categorias de estudo da geografia em *A natureza do espaço: Técnica e tempo, razão e emoção* (São Paulo, Hucitec, 1996).

p.41-2: Ignácio Rangel discorre sobre a divisão da classe dominante frente a novas situações no artigo "A história da dualidade brasileira", Revista de Economia Política (vol.1, n.4, 1981, p.5-34). Sobre a associação de distintos valores ao interior e ao litoral, ver Candice Vidal e Souza, *A pátria geográfica: Sertão e litoral no pensamento social brasileiro* (Goiânia, Universidade Federal de Goiás, 1997). Para entender melhor a periodização proposta por Milton Santos para o espaço brasileiro, ver *O Brasil: Território e sociedade no início do século XXI* (Rio de Janeiro, Record, 2001), dele e de Maria Laura Silveira. Ver também seu texto "A dimensão territorial brasileira hoje", in *Atlas nacional do Brasil* (Rio de Janeiro, IBGE, 2000, 3ª ed. p.13-4).

p.43: Para saber mais sobre as novas formas de produção na era da informatização, consultar Manuel Castells, *The Informational City: Information, Technology, Economic Restructuring, and the Urban Regional Process* (Londres, Blackwell, 1989).

p.48: A citação sobre o Rio de Janeiro no final do século XIX foi retirada de texto de Celso Castro, "Uma viagem pelos mapas do Rio", in Jorge Czajkowski (org.), *Do cosmógrafo ao satélite: Mapas da cidade do Rio de Janeiro* (Rio de Janeiro, Centro de Arquitetura e Urbanismo do Rio de Janeiro, 2000).

p.65: As estatísticas sobre os chefes de família estão em José Pastore e Nelson do Vale Silva, *Mobilidade social no Brasil* (São Paulo, Makron, 1999). As referentes ao perfil da produção industrial brasileira estão em Pedro P. Geiger no artigo "Mudanças no espaço econômico brasileiro", incluído no já mencionado *Atlas nacional do Brasil*. Sobre a cultura como estratégia do capitalismo, ver Frederic Jameson, *Pós-Mo-*

dernismo: A lógica cultural do capitalismo tardio (São Paulo, Ática, 1996).

p.68: Um exemplo de estudo sobre a tendência ao isolamento individual é o livro de Robert Putman, da Universidade de Harvard, *Bowling Alone: the Collapse and Revival of American Community* (Nova York, Simon & Schuster, 2000), em que ele parte do fato de que cada vez mais pessoas jogam boliche em casa, através do computador. Os dados sobre a informatização no Brasil estão no *Mapa da exclusão digital*, publicado sob a coordenação de Marcelo Côrtes Neri (Rio de Janeiro, CPS/ IBRE/ FGV, abr 2003). Sobre a proposição de regiões/cidades globais, ver Allen J. Scott (org.), *Global City Regions, Trends, Theory, Policy* (Oxford/Londres, Oxford UP, 2001). São do mesmo autor as expressões sobre a organização econômico-política do mundo na p.16-7, em *Regions and the World Economy* (Oxford, Oxford UP, 1988).

p.75-6: Sobre os brasileiros no exterior e o tipo de empregos que ocupam, ver o livro de Maxine L. Margolis, *Little Brazil: Imigrantes brasileiros em Nova York* (Campinas, Papirus, 1994).

p.77: O significado de fronteiras é explorado por Bertha K. Becker em "O Brasil e a Geopolítica Mundial: Brasil Tordesilhas", publicado também no *Atlas nacional do Brasil.*

Sugestões de leitura

O livro de Antônio Carlos Robert Moraes, *Território e história do Brasil* (São Paulo, Hucitec, 2002), apresenta inicialmente uma discussão teórico-conceitual sobre geografia, história, história da geografia e Estado e território numa perspectiva histórica. Em seguida debate o Estado territorial no contexto periférico. Por último, analisa as ideologias geográficas e a formação do território brasileiro, a partir das temáticas da geografia política, da política ambiental e da relação entre globalização e periferia.

Dos livros mencionados na seção anterior, destaco três. Milton Santos e Maria Laura Silveira, escreveram *O Brasil: Território e sociedade no início do século XXI* que se centra sobre o equipamento técnico do território brasileiro, os agenciamentos envolvidos e seu papel nos processos econômicos e sociais. Nesse contexto, trata dos fluxos econômicos, da distribuição geográfica da população e da economia e dos processos de regionalização e urbanização, propondo uma economia política do território. O livro compreende também estudos de caso de diversos autores tratando de temas específicos, como a rede rodoviária, a rede de comunicações, a refuncionalização da metrópole, e outros.

Outro livro de Milton Santos, *A natureza do espaço,* é excelente para a apreciação teórica sobre o espaço geográfico, com farta bibliografia. O espaço como conjunto indissociável de sistemas de objetos e de sistemas de ações é o ponto de partida para sua ontologia. A produção de formas e de conteúdo, os diversos meios técnicos, as diversas redes e a relação entre universal e local são outros assuntos tratados na obra.

O *Atlas nacional do Brasil,* em sua 3ª edição, compreende textos produzidos por diversos autores, acompanhados de 132 mapas e cartogramas preparados no próprio IBGE. A publicação trata de temas variados, como as relações do Brasil com o resto do mundo, os componentes do quadro natural e a questão ambiental, a dinâmica da população e as características de sua estrutura social, as mudanças no campo econômico brasileiro, a reestruturação do espaço agrário, a questão urbana, os serviços de saúde e educação, as redes de logística de transporte, energia e comunicações. O *Atlas* inclui ainda um anexo contendo a divisão municipal do país.

Organizado por Bertha K. Becker, Antônio Christofoletti, Fany Davidovich e Pedro P. Geiger, o livro *Geografia e meio ambiente no Brasil* (São Paulo, Hucitec, 1995) reúne 17 geógrafos cobrindo diversos temas da geografia brasileira. Inicia tratando do Brasil no contexto mundial e americano e segue focalizando a urbanização, a formação territorial, a regionalização e a questão ambiental, terminando com uma reflexão sobre a interação homem/natureza.

Bertha K. Becker e Cláudio A.G. Egler analisam a incorporação do Brasil na economia mundial, do início da colonização aos dias atuais, no livro *Brasil: uma nova potência regional na economia-mundo* (Rio de Janeiro, Bertrand Brasil, 1993). Tratam dos regimes e estratégias que conduziram a evolução da organização do espaço e das questões sociais, e das geopolíticas resultantes. O livro contém ilustrações e tabelas estatísticas.

Sobre o autor

Pedro P. Geiger (pgeiger@pcrj.rj.gov.br e ppgeiger@cybernet.com.br) nasceu no Rio de Janeiro, em 1923. Licenciou-se em geografia e história pela antiga Universidade do Brasil, hoje Universidade Federal do Rio de Janeiro (UFRJ). Trabalhou como geógrafo do Instituto Brasileiro de Geografia e Estatística (IBGE) de 1942 a 1984, quando foi obrigado a se aposentar. A partir de então, ocupou cargos de assessoria em órgãos de planejamento do estado e do município do Rio de Janeiro e ministrou cursos de pós-graduação como professor visitante em diversas universidades. Lecionou na UFRJ, na Universidade de São Paulo (USP), na Columbia University, em Paris I-Sorbonne e na State University of Texas, e em instituições de Toronto e Otawa. É pesquisador associado do Laboratório de Gestão do Território, Laget, do Departamento de Geografia da UFRJ. Entre os livros que publicou estão *A evolução da rede urbana do Brasil*, (Rio de Janeiro, Centro Brasileiro de Pesquisas Educacionais/ Instituto Nacional de Estudos Pedagógicos/ MEC, 1964), *Estudos rurais na Baixada Fluminense* (Rio de Janeiro, IBGE, 1954) e *Geografia e meio ambiente no Brasil* (São Paulo,

Hucitec, 1995), do qual participou como coorganizador. Publicou dezenas de artigos em livros e revistas, no Brasil e no exterior.

Coleção Descobrindo o Brasil
direção: Celso Castro

ALGUNS VOLUMES JÁ PUBLICADOS:

Sambaqui: Arqueologia do litoral brasileiro
Madu Gaspar

A arte rupestre no Brasil
Madu Gaspar

Os índios antes do Brasil
Carlos Fausto

O Brasil no Império português
Janaína Amado e Luiz Carlos Figueiredo

O nascimento da imprensa brasileira
Isabel Lustosa

O período das Regências (1831-1840)
Marco Morel

O Império em procissão
Lilia Moritz Schwarcz

Escravidão e cidadania no Brasil monárquico
Hebe Maria Mattos

A fotografia no Império
Pedro Karp Vasquez

A Proclamação da República
Celso Castro

Código Civil e cidadania
Keila Grinberg

Processo penal e cidadania
Paula Bajer

O Brasil dos imigrantes
Lucia Lippi Oliveira

O movimento operário na Primeira República
Claudio Batalha

A invenção do Exército brasileiro
Celso Castro

O pensamento nacionalista autoritário
Boris Fausto

Modernismo e música brasileira
Elizabeth Travassos

Os intelectuais da educação
Helena Bomeny

Cidadania e direitos do trabalho
Angela de Castro Gomes

O Estado Novo
Maria Celina D'Araujo

O sindicalismo brasileiro após 1930
Marcelo Badaró Mattos

Partidos políticos no Brasil (1945-2000)
Rogério Schmitt

A Era do Rádio
Lia Calabre

Da Bossa Nova à Tropicália
Santuza Cambraia Naves

Ditadura militar, esquerdas e sociedade
Daniel Aarão Reis

O mundo psi no Brasil
Jane Russo

A modernização da imprensa (1970-2000)
Alzira Alves de Abreu

Política externa e meio ambiente
Lílian C.B. Duarte

História do voto no Brasil
Jairo Nicolau

Como falam os brasileiros
Yonne Leite e Dinah Callou

As formas do espaço brasileiro
Pedro Geiger